移民文库·生态环境与灾害移民系列丛书

避灾移民风险管理

胡子江　施国庆　著

国家社会科学基金重大项目“移民工程的跨学科研究”（13&ZD172）
南京财经大学校级学术著作出版资助计划　资助
南京财经大学科研启动费

科学出版社
北京

内 容 简 介

本书以滑坡地质灾害为背景，将避灾移民纳入风险管理理论框架下研究、规范与实施。重点探讨了避灾移民的概念、分类、特征和目标，着重研究了避灾移民的迁移意愿和迁移风险分析方法、避灾移民迁移风险的评价方法；分析了现阶段避灾移民的安置模式及其特征等，其内容涉及灾害学、工程学、管理学、社会学等多学科交叉，同时注重案例实证，可以为避灾移民、生态移民、扶贫搬迁等领域的移民风险管理工作提供参考。

本书可以作为管理学、社会学等相关专业课程的参考书，也可以作为本领域的专业技术人员或管理人员学习或培训参考书。

图书在版编目（CIP）数据

避灾移民风险管理 / 胡子江，施国庆著. —北京：科学出版社，2017.9
（移民文库・生态环境与灾害移民系列丛书）
ISBN 978-7-03-053222-0

Ⅰ. ①避… Ⅱ. ①胡…②施… Ⅲ. ①移民安置-风险管理-研究-中国 Ⅳ. ①D632.4

中国版本图书馆 CIP 数据核字（2017）第 128442 号

责任编辑：魏如萍 / 责任校对：王 瑞
责任印制：吴兆东 / 封面设计：无极书装

科学出版社出版
北京东黄城根北街 16 号
邮政编码：100717
http://www.sciencep.com

北京京华虎彩印刷有限公司 印刷
科学出版社发行 各地新华书店经销
*
2017 年 9 月第 一 版 开本：B5 720 × 1000
2018 年 1 月第一次印刷 印张：11
字数：230 000

定价：78.00 元

（如有印装质量问题，我社负责调换）

作 者 简 介

胡子江（1985—）江苏常州人，讲师，现就职于南京财经大学金融学院。2009 年曾留学于法国国立工艺学院（Conservatoire National des Arts et Métiers），获咨询管理与变革管理专业硕士学位；2014 年在英国牛津大学（University of Oxford）国际难民研究中心（Refugee Studies Centre）进行了短期访学；2015 年获河海大学管理科学与工程专业博士学位，主要从事灾害移民风险管理、信用风险管理等教学科研工作，曾主持国家社会科学青年基金项目 1 项，参与国家社会科学基金重大项目，以及世界银行、亚洲开发银行、三峡库区灾害移民等十余项课题研究，发表相关学术论文 10 多篇，获水力发电科学技术奖三等奖一项。

施国庆（1959—）安徽定远人，教授，河海大学社会发展研究所所长，中国移民研究中心（National Research Center for Resettlement，NRCR）主任，移民科学与管理、社会学专业博士生导师，兼任国际移民网络常务理事（三个主要发起人之一）、国际水电协会管理委员会委员、国际水资源学会常务理事兼组织委员会主任（2010～2012 年）、中国社会学会常务理事兼移民社会学专业委员会会长、中国水力发电工程学会水库专业委员会副会长、中国社会学会工业社会学专业委员会副会长、江苏省社会学会副会长、南京市社会学会会长，是国务院特殊津贴获得者，江苏省有突出贡献中青年专家，《社会学评论》《社会建设》《河海大学学报（哲学社会科学版）》《中国城市评论》《水利经济》等编委。

移民文库·生态环境与灾害移民系列丛书
编辑委员会

丛 书 序

移民已经成为世界性的难题，也已经成为世界性的科学研究前沿领域之一。在国内，移民问题已经成为中国改革开放 30 多年以来最热点的社会问题研究领域之一。

移民是人口在不同地区之间迁移及其社会经济恢复重建活动的总称。移民包括工程移民、生态移民、环境移民、灾害移民、扶贫移民、经济移民等多种类型的移民活动。

移民学是一门运用人口学、社会学、经济学、管理学、工程技术科学、地理学、资源科学、生态学、环境科学、系统科学、数学、统计学、心理学、人类学、政治学、民族学、灾害学等多学科理论与方法专门研究各类自愿性及非自愿性移民活动的科学。移民学研究的对象是工程建设、生态、环境、自然灾害、战争、社会冲突、经济、扶贫、气候变化等各种原因引起的人口迁移活动及其相关的社会、经济、文化、生态、环境、资源、政治系统。研究内容包括由各类原因而引起的人口迁移和社会经济系统的破坏、调整、恢复、重建问题，以及移民的经济、管理、政策、社会、文化、资源、环境、心理、民族、宗教及工程技术等问题。移民学可以揭示移民活动全过程及相关人口、社会、经济系统的变迁、恢复、重建、发展的机理与客观规律，对移民系统的识别、调查、分析、解释、预测、规划、评价、监测、控制、管理提供理论和方法，从而为移民活动的管理和移民系统建设提供科学依据。移民学是一门综合性很强的由多学科交叉产生的边缘学科，是自然科学、工程技术科学与社会科学交叉产生的一门新兴科学，极具复杂性、长期性和系统性，正日益受到越来越广泛的重视。

从全世界范围看，在 1990~1999 年的 10 年中，产生了约 1 亿个开发活动导致的非自愿移民，而在 2000~2009 年的 10 年中，则增加到 1.5 亿人。而气候变化问题成为国际热点问题后，应对和适应气候变化活动引起的人口迁移问题受到广泛关注。全世界普遍存在的自然遗产与文化遗产保护、自然保护区、生物多样性区保护以及生态脆弱地区的修复活动，也必然引起人类通过迁徙以及调整改变自身的居住地区、资源利用方式、生活空间、生计活动方式，以适应自然资源的持续利用和生态环境的良好保护。广泛存在的地震、洪水、干旱、飓风、海啸、风暴潮、极端气象灾害、泥石流、滑坡以及核灾害等也使大量的灾后重建和避灾移民活动产生。战争和种族冲突导致了大量国际和国内迁移的难民及其十分复杂的战后重建问题。

1949 年以来，中国已经产生水利、电力、公路、铁路、机场、城建、城市更新改造、环保、开发区、矿山、油气田、房地产等各种工程建设征地拆迁移民 8 000 多万人，其中 1949~2015 年动迁水库移民 2 000 多万人。1998 年长江特大洪水后进行了 246 万人移民建镇，黄河滩区和淮河行蓄洪区均需要通过移民方式解决防洪问题。汶川和玉树地震、舟曲泥石流以及全国各地大量的地质灾害也产生了大量灾前避灾移民搬迁和灾后重建移民安置问题。国家正在实施的生态移民和扶贫，2020 年前约迁移 1 000 万人。移民也是适应和应对气候变化问题的重要手段，全球气候变化导致的气候移民将十分可观。许多大中城市正在开展污染企业搬迁，河流、湖泊、海洋、草原等自然环境保护活动也导致大量的人类资源利用和社会经济活动的变化，大气污染也影响着人民居住和迁移意愿。2015 年，全国有 2.36 亿农村人口向城市（镇）与发达地区流动和迁移。新型城镇化将导致越来越多的人民迁移到城市居住、生活和生产。

移民按照迁移人口能否自愿选择可以分为自愿移民和非自愿移民。

自愿移民。自愿移民是人类为了改善自己的生存和发展条件而自主决定的人口迁移活动。无论是世界，还是在中国，自愿移民都已经伴随人类几千年的文明史而不断发生。中国历史上的湖广填四川、闯关东、走西口等都是典型的较大规模的自愿性移民活动。而新中国成立以后特别是 1980 年以来的城市化、工业化进程，更是伴随着大量的人口在地区和城乡之间的流动和迁移。第六次全国人口普查表明，全国流动人口规模已经达到 2.6 亿人，而我国城市化率已经在 2015 年达到 56%，意味着大量的人口从农村迁移至城市（镇）。另外，人口在不同国家间的迁移也随着全球化浪潮而不断发展。

非自愿移民是尚未很好解决的世界性难题。从全球视野看，无论是中国、印度、巴西、俄罗斯等社会经济发展迅速的人口大国，还是非洲、东南亚、南亚、中亚、南美等大量发展中或者欠发达国家和地区，非自愿移民都步履艰难。欧美发达国家已经进入后现代化阶段，其在现代化过程中虽然也积累了一定的非自愿移民政策、经验与教训，但是由于政治、社会、经济、文化、宗教、资源、环境等差异，也并不能够为发展中国家所照搬甚至借鉴。

非自愿移民活动极为艰巨复杂，尤其当它与以年轻人或为有专门技能的中年人为主、为寻求新的发展或者生活质量提高的机会自主进行人生选择的自愿移民比较时。人口的非自愿迁移对任何人来说均非一个简单的过程，它要人们迁离世代居住的家园，离开熟悉的土地、社区和环境，解体原有的社会经济系统和社会网络，重构个人和家庭可持续的生计系统，改变千百年世代形成的生产和生活方式，经历与亲邻分离的精神痛苦和心灵煎熬。它具有利益相关人群的不可选择性，其群体由各种年龄、不同性别、多种社会阶层的人所组成，其观念与谋生能力各不相同。非自愿移民的迁移、安置与生计恢复工作是一项庞大而复杂的系统工程，涉及社会、经济、政治、文化、人口、资源、环境、民族、宗教、心理、工程技术诸多领域。随着人口的增加，各种资源减少，人地关系更加紧张，社会阶层分化加剧，非自愿移民的迁移与妥善安置也越来越困难，已经并将继续成为世界性的难题。

移民问题的解决，必须依靠科学的理论指导，采用科学的方法，有大批高素质的专业人才具体筹划、决策与实施。因此，移民科学研究、学科建设和人才培养作为基础性工作就极为重要了。

20 世纪 80 年代后期，河海大学开始在国内率先开展了移民科学研究活动，1992 年经水利部批准创建了世界上第一个非自愿移民研究机构——（水利部）水库移民经济研究中心，后创建河海大学中国移民研究中心。河海大学中国移民研究中心既承担大量的移民基本理论、方法的研究，也结合三峡、小浪底、南水北调、西部水电开发、首都机场扩建、高速公路和铁路等大型基础设施建设进行大量工程移民研究，针对生态移民、环境移民、气候移民、城市污染企业迁移、避灾移民、灾后重建移民、蓄滞洪区移民搬迁安置、扶贫移民进行开拓性研究，以及结合中国快速的城市化进程进行各类不同类型的城市化移民问题研究，所完成的成果在国内外产生了广泛的学术影响。目前，在国际上，河海大学被认为是研究非自愿移民问题最好的大学之一，特别是在工程移民、生态移民和环境移民等方面。河海大学中国移民研究中心已成为世界银行、亚洲开发银行推荐的贷款项目移民业务咨询机构，以及移民业务培训方面在中国最主要的合作机构之一。

河海大学在不断推动移民科学研究的同时，还不断加强学科建设和人才培养，逐渐创立、开拓和初步形成了移民学学科体系。1988~1992 年培养了中国乃至世界上第一批移民专业本科毕业生（水资源规划与利用专业水库移民专门化），1992 年开始首创移民学博士、硕士研究方向，先后在技术经济与管理二级学科内设立了工程移民科学与管理方向，在社会学设立移民社会学方向、在人口学学科设立人口迁移与流动方向、在土地资源管理学科设立建设征地拆迁移民管理方向、在行政管理设立移民管理学方向、在社会保障设立移民社会保障方向、在工程硕士水利工程领域设立工程移民方向、在社会工作领域设立移民社会工作方向、在公共管理硕士（master of public administration，MPA）设立了移民管理方向，形成了不同学科的移民分支研究领域，招收培养了大批硕士和博士研究生。2004 年，经过国务院学位办公室备案同意，在国际上首次在管理学门类、管理科学与工程一级学科设置了移民科学与管理二级学科，分移民学基本理论与方法、工程移民科学与管理、生态环境与灾害移民科学与管理等方向，次年开始招收博士研究生。2014 年，设立了全英文教育的移民科学与管理、社会学博士和硕士专业，培养国际留学博士和硕士研究生，已经招收和培养 20 余人。施国庆教授于 1999 年在国际上首次提出建立水利水电移民学的学科设想，2002 年在南京举行的移民与社会发展国际研讨会上进一步系统地提出了“移民学”学科建设总体框架。2012 年，河海大学移民团队在中国科学院陈祖煜院士带领下完成了中国科学院院士基金项目“关于加强移民工程学科建设和相关科研工作的建议”，提出加强移民工程学科建设和设立移民科学与工程一级学科与移民科学、移民工程、移民管理三个二级学科以及从管理学、经济学、社会学等不同学科需要加强移民重大问题研究的建议，并由中国科学院呈报国务院，获得时任总理温家宝的批示，国家发展和改革委员会（以下简称国家发改委）、科学技术部、教育部、住房和城乡建设部（以下简称住建部）、环境保护部、水利部、农业部、国家林业局、国务院扶贫开发领导小组办公室（以下简称国务院扶贫办）、全国哲学社会科学规划办公室、国家自然科学基金委员会、中国国际工程咨询公司等多个部委、机构予以积极响应。20 年多年来，河海大学不仅在移民科学学科创立和建设方面做出自己的贡献，也为政府部门、研究机构、规划设计单位、咨询机构、大中型建设项目单位、实施机构、高等学校和科研机构等培养了一大批移民专业或者方向的博士、硕士和本科毕业生，这些毕业生活跃在中国各个行业移民领域，已经成为中国移民行业的专业学（技）术带头人或者学（技）术骨干，来自亚洲、非洲和拉丁美洲的国际留学生也正在成为所在国家和地区的移民领域领军人物、带头人或骨干。

河海大学在移民科学领域的国际学术交流与合作方面，有广泛的影响和合作。建立了与世界银行、亚洲开发银行、欧洲投资银行、国际水电协会、国际水资源学会、英国海外开发署等多边和双边合作国际机构的长期合作关系，与德国、英国、美国、法国、南非、加拿大、荷兰、印度、土耳其、日本、韩国、印度尼西亚、孟加拉国、哥伦比亚、乌干达等国家和地区的移民机构或者学者的学术联系，并进行了多次富有成效的双边或多边国际学术交流，与世界银行、亚洲开发行合作举办了 20 多次移民研讨会（班），与老挝国立大学、印度政府管理学院、巴基斯坦旁遮普大学签订了合作协议，开展了富有成效的合作。1993 年 11 月，在河海大学举办了第一次水库移民国际高级研讨会。2002 年，在南京举办了世界上最大规模的移民与社会发展学术会议。2008 年以来，已经在中国社会学会年会上举办了 8 届移民与社会发展论坛。2015 年 5 月，在北京举行的国际水电协会大会上，设置了水电移民专场。2016 年 3 月，在加拿大温哥华举行的世界应用人类学大会和国际移民网络大会上，举办了 4 个中国移民研究专场，深入全面交流了中国的工程、生态、环境、灾害、扶贫等移民研究成果。这一系列学术活动，围绕移民科学进行了大范围、多学科、深入的学术交流，大大促进了移民科学学科建设和科学研究成果的国内外交流，也促进了国际社会对中国移民事业和学科的了解和合作。中国被认为是世界上非自愿移民领域成功案例最多的国家和移民科学研究团队最强的国家之一。

为了进一步推动具有中国特色的移民学学科的建立和发展，推动移民科学研究为中国社会经济可持续发展、以人为本的和谐社会建设、生态文明的社会建设服务，科学出版社和河海大学中国移民研究中心决定合作，以“生态环境与灾害移民系列专著”形式将近年来国内学者有关生态、环境、灾害、扶贫和气候等领域移民问题研究的成果予以出版，以供国内外从事移民研究的学者、政府官员、规划设计人员、实际工作者和相关专业的研究生、本科生分享和参考。

施国庆

2017 年 2 月 1 日于南京

前　　言

避灾移民的产生源于灾害风险。近年来，全球范围内灾害风险不断加剧，尤其是气候变化等因素加大了自然灾害突发的频率和严重程度，其成为人类迄今面临的规模最大、范围最广和影响最为深远的挑战之一，引起了世界各国的广泛关注。政府间气候变化专门委员会报告称（王辉耀和刘国福，2012），预计到 2050 年，全球将有 1.5 亿人口因气候变化致灾而被迫迁移。我国作为世界上人口最多、自然生态环境脆弱、自然灾害多发的国家，灾情分布广、频度高且强度大，未来因灾导致一定规模的人口转移安置不可避免。

目前，我国在避灾移民研究及其管理体系建设上还处于探索阶段，缺乏系统的指导，迄今尚无一部避灾移民相关立法、标准、指南或规范等文献，制约了政府及相关单位做出决策，影响了避灾移民目标的实现。基于此，本书依据灾害学、工程学、管理学、社会学、经济学和人口学等相关理论和方法，结合国内外现有研究成果与我国三峡库区滑坡地质灾害避灾移民实践，以风险管理理论为框架指导，针对滑坡地质灾害避灾移民管理涉及的几个分支内容，包括滑坡灾害风险程度评估，避灾移民内涵及其实施策略选择，避灾移民迁移意愿及影响因素、迁移风险评价与管理、移民安置模式与补偿扶持等问题，力求尝试拓展以往的基础研究，为建立适合我国国情的避灾移民管理体系提供参考。该研究课题已获得国家社会科学基金重大项目等资助。

本书的主要创新点包括：①从风险管理的视角，提出将避灾移民纳入风险管理理论的框架下研究、规划与实施的观点，并从理论上探究灾害风险可接受水平与实施避灾移民决策的关系；针对滑坡地质灾害，在定性分析其危险性和危害性的基础上，运用风险矩阵模型评价其风险可接受水平，提高评估的实效性，为做出灾害风险处置决策提供依据与方法。②初步界定了避灾移民的定义、分类及其特征，厘清了避灾移民的优势、风险、机遇和目标；依据不同的滑坡灾害风险可接受水平，提出了风险处置策略，即风险监控策略、风险降低策略和避灾移民策略。③依据推拉理论建立了迁移意愿动力和价值取向模型，提出了五点推进人口迁移的对策；运用 Logistic 回归模型分析样本数据，获得了综合且更为客观的影响迁移意愿的因素结论；建立了避灾移民迁移风险评价指标体系，运用网络分析法（Analytic Network Process，ANP）评价风险因素，提出了迁移风险管理三个阶段的应对措施。④建立了避灾移民安置分类体系，并分析其特征；基于避灾移民具有自愿性和非自愿性双重特征，在提高移民自我发展能力和增强补偿扶持弹性方面提出了思考与建议。

本书以灾害风险管理理论为指导，借鉴国内外已有研究成果和实践经验，力求拓展避灾移民领域的研究视角，是一项有益的探索和尝试。

作　者

2017 年 5 月

目　　录

第1章 绪　　论

1.1 研究背景及意义

1.1.1 研究问题的背景

避灾移民的提出,是在日趋严重的自然灾害风险威胁和防灾减灾战略日益受到世界各国广泛关注的大背景下应运而生的。全球气候变化加大了自然灾害发生的频率和严重程度，是人类迄今面临的规模最大、范围最广和影响最为深远的挑战之一。在各类自然灾害中，水文气象灾害和地质灾害最为严峻，灾害事件不断攀升，根据全球紧急灾难数据库（Emergency Events Database，EM-DAT）数据（图 1.1），发生于 2000～2009 年由水文气象和地质灾害引起的灾害数量要比 1980～1989 年的灾害数量翻一倍(EM-DAT,2013)。在 2000～2009 年,有 20 多亿人口受到不同程度的影响,且受灾害影响的人口逐年攀升。随着全球气候变化的影响，灾害风险还会加大，政府间气候变化专门委员会（Intergovernmental Panel on Climate Change，IPCC）报告称（王辉耀和刘国福，2012），预计到 2050 年，全球将有 1.5 亿人口因气候变化致灾而被迫迁移。为此，世界各国对严重自然灾害导致的人口迁移问题广泛关注，国内外大批专家、学者多年从事灾害移民、生态移民、环境移民或气候移民的研究，并获得了大量研究成果，近年来，又提出了避灾移民的概念，世界银行和一些国家在避灾移民研究与实践中积累了丰富的经验,都为避灾移民理论研究和体系建设做出了重要贡献，值得借鉴。

我国作为世界上人口最多、自然生态环境脆弱、自然灾害多发的国家，灾情分布广、频度高、强度大。《中国国土资源报》（2013）显示：全国共发生各类地质灾害 15 403 起，其中滑坡 9849 起、崩塌 3313 起、泥石流 1541 起、地面塌陷 371 起、地裂缝 301 起、地面沉降 28 起。灾害造成 481 人死亡、188 人失踪、264 人受伤，直接经济损失 101.5 亿元。《2014-2018 年中国地质灾害防治行业监测及发展前景分析报告》（中国产业研究报告网，2015）数据显示：目前我国约有地质灾害隐患点 24 万个，威胁人口 1359 万人。无情的自然灾害给我国人民的生命财产安全和经济社会发展带来了严重影响。因此，未来由于自然灾害导致一定规模的人口转移安置将不可避免。

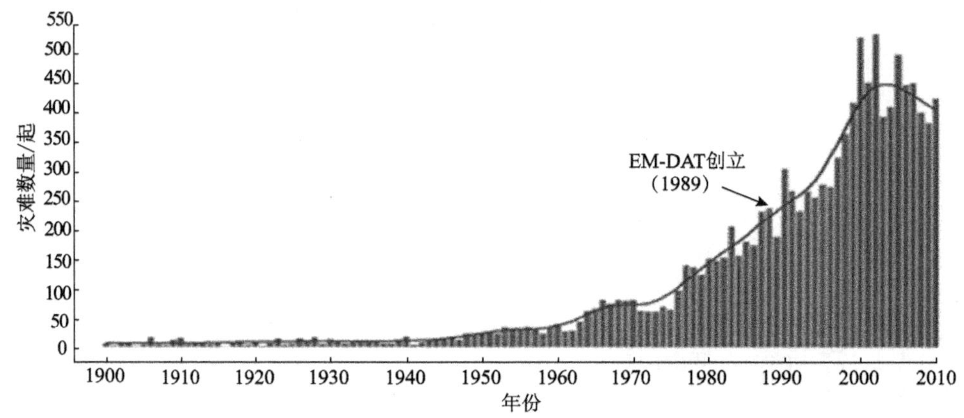

图 1.1　1900～2010 年水文气象和地质灾害事件数据

资料来源：EM-DAT

近年来，随着国家综合实力的不断提升，我国政府大力开展民生工程，实施防灾减灾战略，三峡库区避灾移民工程就是其中的典型案例。众所周知，三峡工程作为全球最大的水利水电枢纽工程已于 2009 实施了 175m 最高水位蓄水试验，这标志着三峡工程如期完成了初步建设任务。这期间由于库水淹没区覆盖面大，三峡库区人口密度又高（302 人/km^2），为了规避风险，国家批准实施三峡库区避险搬迁项目，分三期进行移民搬迁，涉及湖北和重庆 20 个区、市、县，移民人口达 120 万。但是，当三峡库区蓄水后，水位大幅度和周期性涨落，库岸的稳定条件不断改变，滑坡等地质灾害风险加剧，加之库区人口稠密，垦殖度高，生态环境脆弱，为了确保库区民众生命与财产安全，并结合民生发展，国家制定了应对三峡工程后期地质灾害防治的工作规划（殷跃平，2002），确定规划实施的起始年为 2010 年，规划水平年近期为 2015 年、远期为 2020 年。通过对受不稳定滑坡、崩塌和危岩等威胁的区域实施风险评估，采取应对策略，对高危区域的居民分期实施避灾移民。由于三峡库区滑坡地质灾害避灾移民所遇到的问题极具代表性，因此，以其为研究背景案例，对于我国其他区域实施避灾移民具有一定的参考价值。

避灾移民已经成为当前众多移民工程中最为迫切的移民类型之一。由于我国避灾移民管理的理论与实践研究起步晚，政府在应对灾害方面颁布了《中华人民共和国突发事件法》《中华人民共和国防洪法》《中华人民共和国地震减灾法》等法律，各部委在所属领域发布了相关条例，对国家防灾减灾及灾害救助工作起到了重要作用。但是，我国目前在避灾移民研究及其体系建设方面还存在许多不足，有关研究成果较为匮乏（何得桂和廖白平，2014；施国庆等，2009），导致避灾移民实践缺乏技术性指南和系统性理论指导。由于国情不同和地域不同，国内外现有避灾移民的相关理论、模式及实践经验亟待进一步总结、创新和发展。因此，笔者认为，避灾移民必将成为移民科学与管理学科重要的研究分支之一。

1.1.2　研究意义

我国于 2004 年 3 月颁布的《地质灾害防治条例》第三条明确规定（中华人民共和国国务院，2003）“地质灾害防治工作，应当坚持预防为主、避让与治理相结合和全面规划、突出重点的原则”，第十九条规定“县级以上人民政府应当组织有关部门及时采取工程治理或者搬迁避让措施，保证地质灾害危险区内居民的生命和财产安全”。2011 年《国务院关于加强地质灾害防治工作的决定》（国发〔2011〕20 号）中指出（国务院办公厅，2011）：“到 2020 年，全面建成地质灾害调查评价体系、监测预警体系、防治体系和应急体系，基本消除特大型地质灾害隐患点的威胁，使灾害造成的人员伤亡和财产损失明显减少。”各级政府要有计划、有步骤地加快地质灾害危险区内民众搬迁避让工作，优先搬迁危害程度高、治理难度大的地质灾害隐患点周边群众。要加强对搬迁安置点的选址评估，确保新址不受灾害威胁，并为搬迁群众提供长远的生产、生活条件。国家相关条令及文件充分说明，搬迁避让是防治地质灾害和降低灾害风险的有效措施之一，是确保灾害地区人民群众彻底摆脱灾害所带来的生命和财产安全威胁的需要，也是党和政府重视民生、为民办实事的具体体现。

地质灾害高发区多为山区，资源贫乏，基础设施薄弱，交通落后，村民的生活水平差。随着国家富强和经济的快速发展，我国政府提出了加快社会主义新农村建设，进一步推进城乡一体化建设，统一规划移民安置点，提高土地利用率，从根本上改善灾害区农民生产和生活环境，同时对旧宅基地进行整合复垦补充耕地，并合理规划和利用。因此，避灾移民也是未来进一步推进城乡一体化、缩小城乡差距的有效途径。

基于此，本书以滑坡地质灾害避灾移民为切入点，以风险管理理论为指导，结合三峡库区避灾移民案例，尝试探讨适合我国国情的避灾移民几个重要的分支内容，力求拓展以往的研究，其理论和实践意义体现在以下几个方面。

（1）从灾害风险管理的视角看，避灾移民是风险处置策略的一种，是否采用，需要以灾害风险评估为依据。因此，本书首先从灾害风险管理基础理论入手，目的是掌握滑坡灾害风险评估的方法，探究灾害风险可接受水平与实施避灾移民决策的关系，找出“移”和“不移”、“先移”和“后移”的决策依据。这种将避灾移民纳入灾害风险管理的框架下研究、规划与实施（陈勇等，2013）的理念本身具有一定的先进性，体现了管理学、社会学、经济学、工程学、人口学和灾害学等多学科的交叉融合与创新。

（2）欲使避灾移民的实施富有成效，必须明确界定避灾移民的内涵与本质特征，同时对避灾移民的优势、风险与机遇有所认识。其意义不仅在于为本书后续研究奠定基础，还在于在目前学界没有给出公认、权威的界定前（张亚莉，2011），尝试探讨。

（3）避灾移民是一个复杂系统，涉及经济、社会、文化和环境等方面的变迁与发展问题，也可以概括为涉及自然与社会两大系统的变迁。这个系统还涉及政府、非政府组织、移民等各种社会力量的参与和相互协同，由于移民安置意愿各异、移民家庭迁移损失严重、移民社会适应难、利益关系复杂等问题，各利益相关者都将受到影响，移民安置可能会发生冲突或内耗（Correa，2011a），导致避灾移民成效不高，甚至失效，这些都是现实中迫切需要解决的理论与实践问题（Hu，2014a）。

（4）避灾移民具有移民规模大、操作复杂、投资巨大、实施周期长、工作内容多、社会影响广泛、对灾民这一利益主体的生产和生活影响大甚至是终生影响等特点。因此，避灾移民存在着风险因素，包括经济、社会、法规、环境、文化和心理等多重因素。其相互影响，错综复杂，严重制约着避灾移民的实施成效。由此可见，厘清避灾移民迁移风险要素，评估风险等级，明确风险可能的诱因，加强风险管理，努力规避风险，避灾移民才能发挥最大效益。

（5）避灾移民既是安全保障系统工程又是社会经济重建系统工程，随着人口的增加，各种资源减少，人地关系紧张，社会阶层分化加剧，移民迁移与妥善安置难度加大，其将继续成为世界性难题（孙中良和施国庆，2012），如果移民安置与补偿模式运转不利或失效，将会导致系列性移民致贫、区域发展乏力、移民地超载、资源枯竭和社会冲突等风险的发生。移民安置具有迁移自愿性、损失补偿性、生存发展性、迁移不可逆性和迁移特殊性等特征，同时还受地理空间、生计方式、生产资料配置、安置成本、社会适应力、社会稳定和制度衔接等社会排斥因素影响。因此，发挥政府职能作用，保障利益相关主体（移民）的合法权益，完善移民安置与补偿扶持机制，对避灾移民的实施意义重大。

1.2 国内外研究现状

1.2.1 国外相关研究现状

1. 关于滑坡灾害风险管理与风险评估的研究

国际滑坡风险管理与风险评估的研究迄今已经历了30多年的发展（王涛等，2009），最新进展主要体现在五个方面（Cascini，2005）：一是技术指南文献的制定及其在土地规划中的应用；二是建立滑坡风险管理专业工程师注册资格认证制度；三是创建滑坡编录数据资源库；四是健全滑坡风险预防和缓解法令；五是建立降雨诱发滑坡预警预报系统及管理部门协同工作机制等。这些都非常值得研究借鉴。代表性成果有以下五种。

（1）澳大利亚地质力学学会（Australian Geomechanics Society，AGS）从2000年起发布了《滑坡风险管理理念与指南》等一系列指南，包括滑坡风险管理概念和指导原则（AGS，2000）、滑坡风险管理框架（AGS，2007a）及滑坡风险的损害性、危害性和风险区划（AGS，2007b），随后又推出了滑坡风险管理工程师注册认证制度。

（2）意大利从1997年起组织建立了国家层面的详细的滑坡编录数据库（Domenicantonio et al.，2005），2005年实现了数据资源网络共享，2006年编录新增了网络地图服务，实现了网络空间数据库多用户共享与交互操作；1998年，在Sarno泥石流灾害事件后，意大利颁布了180号法令（即Sarno法令），确定了滑坡灾害防治国家战略性法规，利用土地规划约束和限制滑坡风险区域的开发（APAT. 5，2008），随后，颁布了267号法令，确定了滑坡地质灾害风险评估技术指南（Tagliavini et al.，2007）。

（3）美国建立了滑坡风险管理专门机构——美国地质调查局（United States Geological Survey，USGS），专门针对滑坡灾害计划开展调查研究，组织编录滑坡图及数据库。2005年与美国规划协会合作，又出版了《滑坡灾害管理与土地规划指南》（Interior USD and Survey SUG，2006），并制定规划，部署减灾应急措施（韦任川，2014）。

（4）近几年，国际上通过举办国际学术会议、出版著作等方式深入开展了滑坡灾害风险管理研究，2005年加拿大滑坡风险管理国际会议提出了滑坡风险管理理论框架，将风险评估纳入风险管理之中作为风险处置的前提依据。随后，国际滑坡和工程边坡联合技术委员会（Joint Technical Committee on Landslides and Engineered Slopes，JTC 1）2008年出版的《土地利用规划中滑坡易发性、危险性及风险分区指南》，代表了目前滑坡风险评估与管理指南的发展水平（汪华斌和武树仁，2008）。

（5）关于滑坡风险评估研究方面，学者 van Western 等（2005）进一步对《滑坡风险管理理念与指南》在技术细节上给予了弥补，提出了滑坡风险评估技术流程，并广泛使用。Okada（2003a）认为，风险评估的目标是确定灾害的特点（包括空间分布、强度和发生的概率等），即灾害识别和特性描述；确定暴露在灾害中的人口和基础设施，即暴露元素的识别；确定暴露元素的脆弱性水平，即脆弱性评估；进行潜在损失的估计，即风险等级确定；通过风险评估的不确定性水平，设定行动优先权的标准；针对可接受风险程度，确定干预优先权。当滑坡灾害风险可容忍但工程治理的意义不大或成本过高，且社会资源能够满足移民迁建需求的情况时，其干预措施可以考虑实施避灾移民策略（Wolpert，1966）。综合灾害风险管理实施战略以防灾减灾为基本原则，需要系统地整合，完善风险监控与评估机制（Johnston，2000）；健全灾害风险管理的法制体系，完善灾害风险管理协调机制和信息管理与共享机制（Slovic，1987）。针对滑坡地质灾害风险评估，国外学者对滑坡灾害可接受水平风险准则、可容忍风险水平及影响因素做出了总结性的论述（Fell，1994；Fell et al.，1996）。

2. 关于避灾移民的研究

国际上，避灾移民取得的研究成果体现在以下四个方面。

（1）在避灾移民的认识方面，Correa（2011a）给出的避灾移民的定义为：对居住在灾害风险高发区的所有或部分居民的重新安置。其还阐述了以下几个观点：一是避灾移民应纳入灾害风险管理的范畴；二是避灾移民是对现存风险的纠偏性缓解措施，是以物理风险降低措施为补充的最大限度减轻风险的策略；三是避灾移民依赖土地利用与开发的协调性，依赖应急预案与恢复重建计划的落实。Elmhirst、Rebecca 等学者认为：在研究可行的范围内尽量不选择移民，若必须移民，则要尽量减少移民规模；要把移民安置的过程作为一次生产、生活系统恢复和人类新的开拓地的重建机遇。避灾移民具有自愿性与非自愿性双重特性，对于移民而言，移民意味着背井离乡，物质财富、社会资源和社会网络都将损失，而且其世代传承的习俗、价值观和生活方式都可能出现被遗弃或消失的风险；避灾移民具有迁移往复性，灾害发生前，移民迁移到安置点，灾害发生过后，移民又有返回原居住地现象（World Commission on Dams，2000）。世界银行在其移民指南中还指出：移民安置工作不仅仅对迁移的人口产生影响，同时还会对继续在原址生活的人们、当地的人们和土地产生影响。可见，移民活动是一个复杂的多维系统，包括物理、法律、经济、社会、文化、心理、环境、政治、行政和土地等，移民早已超出了住房的范畴。

（2）在移民迁移动力及意愿分析方面，有学者对美国灾后居民的迁移意愿进行了研究，结果表明：自然灾害导致迁移的主要人群是老年人、女性单亲家庭、少数民族家庭、低学历及经济现状差的社会弱势群体家庭（Morrow-Jones and Morrow-Jones，1991）。DeJong 和 Fawcett 在 1981 年提出，个人与家庭的迁移动因是基于某种目标的价值函数，这一目标伴随着迁移行动的发生可能实现，即价值预期。在促进人口迁移的推力和拉力问题上，Engels[1974，转引自胡志绚（2010）]认为拉力为主导作用，而 Redford[1968，转引自胡志绚（2010）]则认为迁入城市的移民是由于农村用地紧张和圈地运动引起的，推力是主要因素（王华和彭华，2009）。人口迁移的影响因素有多重性，包括自然因素与非自然因素（如人为因素等）、经济因素和非经济因素、迁入地的拉力作用因素和迁出地的推力作用因素等，除了自然灾害威胁生命以外，Johnson（2003）认为，地区经济差异的持续扩大是人口迁移的主要因素。

（3）在移民安置模式与补偿方面，Cernea（1997a）认为，应该将移民安置活动的本身视为一个发展项目，使移民能够在安置过程中受益。从世界各国的经验及世界银行总结的经验看（Takesada，2009；萨尔瓦诺和布里塞尼奥，2013；Erbach and Gaudet，1998），集中安置与分散安置模式最具代表性。集中安置是在一个或多个地区集中安置所有家庭和社会单位，购买或由政府分配安置土地并进行划分，以法律为基础，制订安置方案（包括交通、公共服务、住房、教育、医疗、娱乐、社区中心等），达成各方协议，引入专业公司建房，这种移民安置策略对于依靠土地谋生的人们最合适；分散安置在房产市场能够满足移民安置人口需求的情况下是一种有效的策略，移民拥有补偿金，家庭和社会单位的凝聚力、社会网络与经济网络并不强，可以用原风险居住地的土地换得的补偿金实施更有效的购房安置方案，此模式适于中等规模的农村安置或大城市的移民安置。分散安置并不仅仅包括财政补偿，鉴于世界范围内的经验，当人们仅仅使用补偿金重建住房时，恢复生计所带来的风险会很高。在移民安置补偿上，Frerks（1995）提出“给予移民足够的补偿，不主张单一现金赔偿，赔偿资金也应用于生产性投资”；Chatty（2002）认为，应给予移民“开发式”援助，而不应给予“家长式”援助，“家长式”援助有时会产生移民依赖综合征，同时提倡努力将移民过程转变为以开发为目标的移民社区发展。

（4）在避灾移民潜在风险上，避灾移民与其他类型移民同样具有潜在风险和发展机遇。若规划或落实不当，不仅不能达到避灾移民的目标，还会带来新的问题（de Wet，2006），其潜在风险包括人均土地资源、自然资源、预期收益等减少，就业困难，生活成本增加，人口聚集导致居住环境恶化，过分开垦产生次生灾害，传统民族文化被淡化，移民群体被边缘化，甚至社会冲突增加，等等；反之，若避灾移民规划与实施落实到位，政策、资金、组织保障到位，基础设施与公共服务到位，则能够有效地减轻贫困，抵制灾害风险，保障移民在新的居住地稳定生活，改善移民生产、生活条件，实现可持续发展。虽然避灾移民能够规避自然灾害的风险威胁和减轻贫困，但移民迁移本身具有一定的社会风险（Cernea，1997b），因此，在其他防灾、减灾办法和扶贫手段乏力、失效或成本高于搬迁的情况下，才实施避灾移民计划（Chan，2005）。

3. 关于避灾移民的实践

由于全球范围内自然灾害频发，世界各国十分重视避灾移民研究，许多灾害多发国家（如阿根廷、巴西和哥伦比亚等）在避灾移民实践过程中积累了宝贵的经验，值得我国借鉴（Hunter，2005）。典型案例有以下三个。

（1）阿根廷——防洪避灾移民工程，可借鉴的实践经验在于（Hu et al.，2013）：一是政府为了减少灾害风险，健全了全国性减灾组织，包括政府、社会公民、学术界和私营业代表；二是从20世纪90年代起，依托世界银行和泛美开发银行，启动了多个著名的防洪计划，包括洪灾紧急恢复计划（PREI）、防洪计划（PPI）、防洪及城市排水计划（PIDU）等；三是移民安置落实由各州紧急事件协调部门与供应商之间签订协议职责，体现了精细化管理程序与法律约束；四是移民安置采用了“自建家园”援助策略，政府补偿，受灾家庭自主建房，在实现安置目标的同时，培养了移民建筑技能，提升了移民的就业能力；五是洪水风险区土地的再利用。

（2）巴西——PROCAV II 流渠化工程避灾移民（Ethan，2006），针对圣保罗市风险区域及基础设施建设被征地的移民安置。实践经验体现了灵活多变的移民安置：一是复合式房屋安置，政府出资建筑复合式住宅，家庭支付部分公寓费用（不应超过月收入的10%），并有20年贷款资助；二是住房交换项目，允许受影响的家庭有与在风险之外的家庭交换房屋的权利，对复合式住房感兴趣一方搬入该住宅；三是现金补偿，对受影响的家庭实施现金补偿，受影响的家庭实行自我安置。

（3）哥伦比亚——新希望（Myers and Kent，1995）：将移民安置纳入风险管理与土地利用规划中，可借鉴的实践经验有：一是建立较完整的国家防灾救灾体系（包括紧急防灾救灾系统、风险及脆弱性识别系统、防灾救灾专项金融体系等）（胡子江和姜源，2012），设有风险管理理事会，负责对风险进行监测评估；二是对高风险地区，政府提出了一个综合性的恢复、重建和可持续发展计划；三是提供多种住房安置方案，包括购买商品房、二手房和自建房屋等，政府补偿资金给卖家，并跟踪调查以确保维持良好的生活标准。

1.2.2 国内相关研究现状

1. 关于滑坡灾害风险管理与风险评估的研究

国内相关专家在此领域也积累了一定经验和研究成果，包括以下四个方面。

（1）在灾害风险评估技术方法方面，吴树仁等（2009）从技术角度提出了我国地质灾害风险评估的基本原则和风险评估的技术方法，为制定我国地质灾害风险评估指南提供了参考依据；彭令等（2013）结合国际滑坡灾害风险评估技术流程，建立了滑坡灾害风险模型 $A=H \cdot V \cdot E$（其中 A 为滑坡风险，H 为滑坡危险性，V 为承灾体易损性，E 为承灾体价值），提出了将人口、建筑物、生命线工程（包括通信、供电、供水、公路、码头、桥梁等）和土地资源等易损性分析作为承灾体抗灾能力的评价。

（2）在灾害风险管理模型及体系建设方面，郭跃（2006）将自然灾害风险管理概括为风险鉴别、风险分析、风险评估和风险管理四个部分，构成管理模型，强调灾害风险管理过程可分为预防、备灾、响应和恢复四个阶段。王绍玉和唐桂娟（2009）通过对自然灾害风险管理模型分析、人类活动对自然灾害的致灾因素影响及自然灾害风险系统结构阐述了综合灾害风险管理战略。江治强（2008）认为，自然灾害风险管理主要包括组织指挥体系、应急管理预案体系、预警处置体系、物质储备体系、风险管理的科技支持体系和灾后重建体系六大体系。张继权等（2004，2005，2006）认为，综合灾害风险管理实施战略应体现为：将风险评价作为减灾首要原则，构建科学、完善的灾害风险评价流程和风险全过程监控机制；建立灾害风险管理的协调机制和法制体系；将减灾理念和灾害风险管理整合纳入社会发展规划及过程之中；改进灾害风险信息共享管理方法和手段；鼓励并引导企业、社区、民间组织和民众等多元管理和共同参与的灾害风险管理；广泛普及“预防文化”“风险管理”理念，提高全民防灾、减灾意识。

（3）在灾害风险的可接受性研究方面，尚志海和刘希林（2010a）系统总结了各国的可接受风险标准，为我国学者的相关研究奠定了基础；陈伟和许强（2012）结合我国从 2000 年起十年中因地质灾害而死亡的人数及每年总人口数据分析，提出了我国地质灾害可接受风险标准上限为 10^{-6}/a，可接受风险标准下限为 10^{-7}/a，给出了可接受风险水平 FN 曲线；汪敏和刘东燕（2001）则通过系统分析，给出了单体滑坡灾害可接受失稳风险准则，认为风险可接受水平是灾害风险评价的评判法则（尚志海和刘希林，2010b），并为实施风险管理控制措施提供了重要的决策依据。实施风险管理，减轻灾害风险，一是降低风险；二是要降低灾害的脆弱性，增强适应性。尹衍雨等（2009）认为，风险可接受性是指社会公众根据客观愿望对风险水平的接受程度，公众给出风险可接受性的决策将是一个复杂的过程，一方面与其对风险认知程度有关；另一方面与其文化背景、社会经验及政府管理等诸多因素有关。个体对灾害风险规避的意愿与行动不仅受灾害损失的预期影响，还受个体经济条件、风险意识和避险措施的损益平衡等多因素的限制。

（4）在灾害风险应对方面，张继权等（2006）、郭志明（2006）等在其文章中阐述：自然灾害风险管理对策应包括风险控制对策和风险财务对策，其中，风险控制对策又包括风险回避与防御（涉及土地利用规划、危险分布图、灾害预报和预警等）、风险减轻（涉及工程治理与防护，防护墙、堰塘和大坝等土木工程、防灾预案和应急响应计划等）；风险财务对策包括风险转嫁（涉及保险、合同、灾害债券等）、风险自留（涉及现收现付、专用基金、专业自保公司等）。

2. 关于避灾移民的研究

国内学者对于避灾移民的界定、移民意愿和风险感知及移民安置与补偿扶持模式等研究具有一定基础。

（1）对于灾害移民和避灾移民的界定，施国庆提出了灾害移民的定义，即因干旱、洪水、狂风、暴雨、冰雹、地震、蝗虫灾害、海啸、火山爆发、泥石流爆发、山崩、瘟疫等自然因素胁迫导致的人口迁移与社会经济重建活动，并阐述了灾害移民的分类，认为灾害移民属于非自愿性移民，具有强制性、突发性、区域社会性和迁移往复性等特征。施国庆还提出：对于为防止灾害或减少灾害损失而实施的灾害移民活动，称“主动防御型灾害移民”；而对于在突发性自然灾害中进行的移民称“突发型灾害移民”（施国庆等，2008，2009）。陈勇（2009）在文章中阐述，依据移民诱因的不同，灾害移民可细分为自然灾害移民、技术灾害移民和社会灾害移民，陈勇还认为，根据人口迁移时间划分，可将灾害移民分为避险型灾害移民和受灾型灾害移民，避险型灾害移民是在灾害发生之前的人口迁移，也称“预防性人口迁移”；受灾型灾害移民是在灾害发生后的人口迁移，包括逃难型、应急转移安置或疏散、永久搬迁。

（2）对于移民意愿和风险感知，郭跃（2008）、王华和彭华（2009）、朱杰（2008）、冯雪红和聂君（2013）等国内众多学者依据价值预期模型、推力-拉力理论、风险感知理论等，从不同的角度论述了人口迁移属性、迁移动力、迁移影响因素，并给出了分析模型和方法（如 Logistic 回归分析），从移民的个体特征、迁移意愿和扶持政策等多方面进行分析，找出了影响迁移意愿的要素（孙田野等，2011），并提出了激励对策。

（3）对于移民安置与补偿扶持模式，结合本书研究背景，笔者首先着重分析了国内水库移民安置与补偿模式，发现有许多可借鉴的典型研究（胡继明，2005）及案例实践（施国庆，2012；李天碧和张绍山，2001）具有启发性，包括以土为本就近后靠的大农业模式、成建制（村、组）外迁型以土为生的大农业模式、投亲靠友或分散农业安置模式、小城镇化集中居住结合具有农业生产安置的城乡联动安置模式、有土安置结合非农业生产的兼业安置模式（苏青等，2000）、农转非后城镇自谋非农业就业出路安置模式（陈悦，2004）。进一步分析了现有研究成果，认为国内目前正尝试的几种移民安置模式有长效（或长期）补偿结合劳动力自谋职业安置模式、社会养老保险安置模式（主要适合中老年劳动力）（施国庆和陈琛，2010）、政企联动移民安置模式、招工安置模式等。对于失地补偿模式问题，陈广华和施国庆（2012）研究了失地安置替代性模型及征地补偿安置模式，目前国内各类失地农民安置模式很多（潘科和朱玉碧，2005），如重庆和成都的“双置换及土地使用权入股”或“地票银行”方式，上海、江苏和浙江地区的“土地换社保”方式，广东和海南地区的“土地使用权入股”模式，湖南咸嘉的“留地安置，综合开发”模式；无锡的“双置换”模式，青岛的“捆绑招标，异地开发”“政府主导，社区主体”“政府投资，异地安置”等村庄改造模式。牛雅妮（2008）针对我国失地农民安置模式在安置效率、政策可行性、政策公平性、可持续发展、安置成本和移民权益保护等几个方面进行了比较分析。郑瑞强和王英（2012）结合可行能力理论，提出了避灾移民安置活动在管理体制、资源整合、运转机制、移民安置模式等方面进行优化的途径。陈勇等（2013）结合山地自然灾害，论述了风险管理的主要内容与灾害移民的关系，提出了防灾、减灾（灾前管理）、备灾、应急回应（灾中管理）、恢复重建和发展（灾后管理）各阶段的措施，分析了避灾扶贫移民搬迁优势、风险和机遇。何得桂和李卓（2013）结合陕南避灾移民活动的开展，提出了三个制约因素，即土地制约导致移民安置选址难，资金缺口大导致移民活动难以有效推进，产业发展滞后导致移民可持续生计问题突出，并提出了相应的对策。王晶等（2010）认为，灾后可持续重建中选址避灾十分重要，安全性、危害性评价是选址的首要条件，便利性和发展潜力是重要影响因素。

3. 对于避灾移民的实践

国内三峡库区、陕南地区、江西九江等避灾移民工程实践均具有代表性，是以政府为主导，移民为主体，其他相关组织和民众共同参与的国家及各省（自治区、直辖市）层面上的防灾、减灾战略工程，政府及相关部门在标准规划、政策制度等方面做了大量的探索性工作，在避灾移民管理方面获得了可贵的成果，并继续对此进行跟踪研究。刘广润和徐开祥（2003）、俞欣（2004）、张华忠（2010）、程燕和王顺克（2011）等基于三峡库区地质灾害移民迁建，从地质灾害认识、地质灾害的防治及监测预警、移民贫困化风险和经济重建、移民安置、生态环境保护、社会保险等体系的构建方面进行了探讨。何得桂（2013a，2013b）讨论了陕南避灾移民搬迁中的社会排斥机制和移民工程可持续发展。冯明放和冯亮（2011）提出陕南移民搬迁应处理好十大关系。郑瑞强和施国庆（2011a）以江西九江避灾移民实践为例，对避灾移民安置过程中出现的主体分散、移民后续发展难和搬迁机制不灵活等问题，提出了移民合法权益保障及避灾移民活动优化等政策、建议。

1.3 避灾移民研究的理论基础

1.3.1 风险管理理论

《2009 UNISDR 减轻灾害风险术语》（联合国国际减灾战略，2009）给出了风险管理的定义：为了减小潜在的危害和损失，对不确定性进行系统管理的方法和做法。对灾害风险管理的定义为：一个系统过程，即通过动用行政命令、机构和工作技能和能力实施战略、政策和改进的应对力量，减轻由致灾因子带来的不利影响和可能发生的灾害。风险管理对各种风险进行辨识、评估，以此为基础，集成优化各种风险管理技术，做出风险应对决策，从而有效地规避和控制风险，妥善处理风险造成的损失，力求达到以最小成本获得最大安全保障的目的。

国际风险管理理事会（International Risk Governance Council，IRGC）提出（于汐，2011）：风险管理过程包括风险预评估、风险评析、风险描述与评价、风险管理。其中，风险预评估提出问题架构，对风险信息预筛选，确定评析方法和程序；风险评析是识别和评估致灾因子、暴露元素、脆弱性和社会关注度，获得风险认知；风险描述与评价是判别和确定风险等级、可容忍性、可接受性，提出处置风险可能的方案；风险管理是制订和评估备选方案，尤其是风险降低方案，实施选定的方案并检测其效率。国际标准化组织在 2009 年制定了《ISO 31000：2009 风险管理-原则与实施指南》，本书将在后面着重研究 ISO 31000 标准。

自然灾害风险模型是综合自然灾害风险管理基础理论（Walter，2004），其数学描述模型有其演变的过程（王绍玉和唐桂娟，2009）。由联合国人道主义事务局在 1991 年出版的著作《减轻自然灾害：现象、效果和选择》中最早提出，自然灾害风险是特定地区在特定时间因灾害所致的人员伤亡、财产破坏和经济活动中断的预期损失，用数学模型表达为

$$R = H \cdot V \tag{1.1}$$

自然灾害风险 R（risk）是由区域内灾害的危险性 H（hazard）和易损性 V（vulnerability）综合作用形成的；而后又修改为式（1.2），增加了暴露性 E（exposure）；也有学者认为应表示为式（1.3），认为自然灾害风险除了与危险性、易损性有关外，还与预防灾害的准备能力 P（preparedness capability）有关。

$$R = H \cdot V \cdot E \tag{1.2}$$

$$R = H \cdot V \cdot P \tag{1.3}$$

近年来，国内外学者又有了新的研究结论（Walter，2004），认为自然灾害风险除了与灾害的危险性、易损性和暴露性因素有关以外，社会的防灾减灾能力 C（emergency response and recovery capability）也是影响并制约灾害风险的重要

因素，认为灾害风险的模型应修改为式（1.4），表明：自然灾害风险与危险性 H、易损性 V 和暴露性 E 成正比，与社会的防灾减灾能力 C 成反比。

$$R=(H \cdot V \cdot E)/C \tag{1.4}$$

灾害的危险性主要是由致灾因素及其活动的规模（强度）和活动频次（概率）决定的，灾害的规模（强度）越大，频次（概率）越高，灾害的威胁越大，破坏性越严重，灾害风险也就越大；承灾体的易损性主要是指自然灾害所造成的人员伤亡和财产经济损失程度，承灾体的脆弱性或易损性越低，灾害损失越小，灾害风险也越小，反之亦然；暴露性是指特定地区的人、财产、建筑物和生命线工程等暴露于危险因素之上的程度，一个地区暴露于各种危险因素的人和财产越多，可能遭受的潜在损失就越大，灾害风险越大；防灾减灾能力反映了受灾区域人员、机构和系统运用技术与资源应对及管理灾害的能力，包括工程技术、抗御致灾因子的建筑、政策法规、公众意识、应急反应能力、减灾投入和资源准备等。

基于风险管理视角研究避灾移民具有重要的价值和意义，该理论是本书研究的重要理论基础。

1.3.2　人口迁移理论

E. G. Ravenstein 在《人口迁移规律》（*Law of Migration*）一文中最早提出人口迁移理论。他在文章中阐述了人口迁移主要是为了改善经济状况，并提出了著名的七大定律：经济律、城乡律、性别律、年龄律、距离律、递进律和双向律。其概括了人口迁移的认识、结构、机制和空间特征规律。随后，西方学者从人口地理学、微观经济学和环境经济学等角度提出了一系列相应的理论。

行为地理学家 Wolpert（1966）提出了“压力阈值”模型，认为影响迁移决策的主要因素是环境，迁移是对压力做出的反应。原居住地的压力因子（stressors）包括污染、拥挤和犯罪等不利环境因素（disamenities）。所有的压力因子叠加将会增大压力，当压力超过一定的阈值时，人们自然会意识到应迁离该地。

Johnston（2000）从环境心理学角度提出：人们在迁居前会对迁移目的地的地点效用（place utility），即环境状况进行评价，然后决定是否迁移。他认为一个家庭在迁移前，会在其行动空间（action space）内寻找可能的居住地，并对每个地点进行满意度评价，然后决定是否迁移及迁移的地点。

Hunter（2005）提出了价值预期模型，阐述了个人和家庭的迁移动因基于某种目标的价值函数，其构成要素是目标及其期望值，包括财富、地位和归属等，还包括舒适的居住环境和有利于身心健康的居住氛围。但是迁移是否发生还与个人和家庭特征（包括经济状况等）、社会和文化价值观、个人性格和区域间的经济机会差异有关。作为一种重要的环境要素，灾害在微观迁移决策中起着重要作用。

Todaro（1976）从新古典微观经济学的观点提出，迁移是一种投资行为，强调人力资本和预期经济收益在迁移决策中的作用。如果迁移后的预期经济收益高于迁移成本，人们会愿意迁移并做出迁移的决定。生活在灾害风险高发区的人们，潜在的灾害风险威胁其生命和财产，这种风险成本极大，如果欲迁入地生产、生活等条件与现居住地相同或更好，则人们会选择迁移到安全地。

Slovic（1987）提出了风险感知（risk perception），就是人们对风险的特征和严重性进行的主观判断，或个体对存在于外界各种风险的感受和认识。人们在遭遇灾害时是否会做出迁移决策，在很大程度上与其对灾害的风险感知有关。人们对灾害风险的评价或判断受多重因素影响，与家庭个体特征有关，包括个体家庭的结构、经济条件、社会网络、教育水平、心理因素和环境认知等因素；也与国家有关，包括经济发展、社会进步和迁移政策等宏观因素。

20 世纪 60 年代，E. S. Lee 在巴格内（D. J. Bagne）提出的“推拉理论”基础上，又提出了“人口迁移既有推力又有拉力，同时存在第三要素——中间障碍因素（称为‘阻力’或‘排斥力’）”。人口迁移到新的安全居住地，其生产、生活条件得到恢复或改善对于人口迁移具有拉动力，人口原居住地的灾害风险和社会经济条件差对于人口迁移具有推动力；移民过程的距离远近、物质障碍和语言文化差异，以及移民个体对于以上这些因素的价值判断就是阻力。当推力和拉力的合力大于阻力时，人口就会发生迁移；当推力和拉力的合力小于阻力时，人口转移趋于保持现状。从人口迁移行为学角度分析，推力和拉力是促成迁移行为发生的激励因素，其中拉力是正激励，推力是一种反激励。人口迁移是指人口分布在空间位置上的变动。联合国《多种语言人口学辞典》定义人口迁移是人口在两个区域间的地理流动或者空间流动，其流动涉及永久居住地从迁出地到迁入地的变化，也称“永久迁移”，具有时间和空间属性。

人口迁移理论已经成为国际上研究人口迁移流动最具解释力的理论，该理论也是分析避灾移民的人口迁移、移民迁移意愿动力、价值取向与推进机制等方面研究的理论基础。

1.3.3　利益相关者理论

利益相关者（stakeholder）理论产生于 20 世纪 60 年代，发展于 80 年代后期。目前，中西方国家都对此理论进行了广泛的研究，但是界定形式多样，还没有一个普遍认同的定义（时允昌等，2013），西方学者从企业角度研究认为，企业的发展和存在与利益相关者相互关联，并相互影响；与此同时，利益相关者会将物质、技术、人力资本、社会等多元化的资本投入企业的运行与发展中。对于此理论，我国学者研究表明（郑瑞强和施国庆，2011b），利益相关者理论是一种对组织或群体中的组成个体或单位之间权益联结、风险责任等关系进行分析的理论。

对于利益相关者的认识中 Freeman（1984）的定义最为经典，他提出利益相关者可以影响到组织目标的实现或受实际影响的群体或个人。针对利益相关者分类，代表性的有所有权型利益相关者、经济依赖型利益相关者和社会利益型利益相关者，自愿型利益相关者和非自愿型利益相关者（Clarkson，1995），契约型利益相关者和公众型利益相关者（Charkham，1992），主要的社会利益相关者、次要的社会利益相关者、主要的非社会利益相关者、次要的非社会利益相关者（Wheeler，1998）。

综合利益相关者的特征，避灾移民利益相关者包括中央政府、地方政府、规划单位、建设单位、运行管理单位、移民本身、风险地原居民、迁入地居民、社会公众等，在资源提供、损益影响、承担风险、相关利益等方面均具有利益相关者特征。

1.3.4 现代区域规划理论

区域规划理论的发展历经两个多世纪，国内外学者从不同的角度阐述了区域规划理论的内涵。规划是一种通过意识性、组织性和持续性的努力，对最佳方案进行选择的活动，以实现既定的目标（Waterston，1965）；通过调查研究，分析事实和状况，将人类的理性知识用于支持决策的制定，寻找解决问题的最佳途径，形成人类行动的基础；Churchman 认为，规划是人们为了实现未来的愿景拟采用的实施方案；孙施文（1999）提出，规划具有鲜明的社会目标导引和参与者本身的社会特征，是人类社会行动中一项有目的的改造和利用自然与创建人类环境的具体行动；崔功豪等（1999）、汤筠等（2009）认为，区域规划是指一定地域范围内对土地利用和国民经济建设的整体部署。区域规划除了具有目的性、区域性以外，还具有前瞻性、动态性、公共性和综合性等特征（潘斌，2013）：①前瞻性。区域规划反映了未来发展的目标和设想，具有未来导向性，不仅具有客观性和经验性研究，也包含主观设想，或称“远见”。②动态性。区域规划经常是一个多目标系统，特别是对于长期规划而言，目标有时具有微变性，影响的因素也具有多变性。③公共性。区域规划需要多方参与，并以政策法规、财政和基础设施等公共事业等为基本保障。政府主导，公众作为服务对象共同参与，专家提供技术与咨询支撑，规划者给出多种方案供选择；规划涉及各方利益，并与公共事务紧密相连，包括财政、政策法规、基础设施建设等。④综合性。区域规划是一个复杂系统，涉及自然、经济、社会和环境等诸多领域；不同地域，其规划的目标、土地利用、政策、产业布局和基础设施建设等均具有多样性。

现代区域规划理论的内涵发生了根本性变化（方中权和陈烈，2007），不仅包括经济发展，还包括社会进步，强调经济、社会和生态环境等综合协调发展和可持续发展；强调参与主体的广泛性和民主性；强调其动态性和区域调控性；强调兼顾个人利益、地方利益和国家利益的协调发展；倡导“3E”理念，即经济、环境与公平（economy，envionment，equity）；强调吸纳公众、利益主体、其他群体和非正式组织参与；突出“3C”理念，即协调、合作和妥协（coordination，cooperation，compromise）；强调通过建立区域动态规划流程（驱动—状态—结果）调控目标，包括经济发展、社会进步、资源永续利用、生态环境保护和可持续发展能力等。该理论对于本书研究避灾移民的迁移风险管理、规划移民安置等均具有重要指导意义。

1.4 研究的方法和体系结构

1.4.1 研究的方法

避灾移民的研究涉及灾害学、工程学、管理学、社会学、经济学、人口学等多个学科和领域，也是移民科学与管理的重要研究方向和分支，具有一定的前瞻性、先进性和紧迫性。在风险管理学、灾害经济学等理论的指导下，以统计学和管理学为研究手段，解决避灾移民所涉及的社会学、人口学问题。通过从灾害风险分级研究入手，探讨不同风险等级下处置应对策略的选择，并侧重对避灾移民的内涵、实施策略、迁移意愿、迁移风险、安置与补偿模式等方面的研究，在研究的过程中遵循理论联系实际、微观与宏观分析相结合，力求使研究结果具备科学性和系统性，并重点采用以下研究方法。

（1）系统分析法。系统分析法强调对事物的研究要着眼于整体，分析整体构成、整体与环境的关系、系统运行等内容。避灾移民工作涉及政治、经济、社会、环境、人口、资源等多学科多领域，是一个复杂的系统工程或巨系统，从系统分析的视角，将大系统分解为若干子系统，突出层次性和结构化，研究系统运行机制和路径，达到系统化研究目标。

（2）比较分析法。通过国内外研究内容和研究方法的先进性对比，寻找差异性，提出创新研究思路，思考本书切入点，探索适合我国国情的避灾移民体系。本书对避灾移民与灾害移民、生态移民、环境移民等概念比较，滑坡风险评价中定性分析与定量分析比较，避灾移民风险评价中对现存评价体系与方法的比较，中外移民安置模式比较等均采用了比较研究法。

（3）访谈法。通过访谈，收集更多有价值的信息和数据样本等，为研究工作提供依据。一方面通过出国研修和参加避灾移民国际会议，与专家进行座谈，听取专家、学者的前瞻性研究和思想，了解国际避灾移民相关政策和实践经验，总结经验教训，做好相关笔录。另一方面进行现场调查（如三峡库区地质灾害移民现场），掌握第一手数据，深入农户访谈，通过设计并发放调查表收集研究相关信息和数据，为设计科学、合理的避灾移民管理体系提供支撑。

（4）模型分析法。对现实问题进行归纳和演绎，建立指标体系、分析模型[如风险矩阵（阮欣等，2013；Cox Jr，2008）、Logistic 回归模型（Ayyub，2003）、网络分析模型（王莲芬，2001）]，运用专业软件分析计算工具（如 SPSS 16.0、Matlab 等）对避灾移民涉及的灾害风险评估、人口迁移意愿分析、避灾移民迁移风险评估等问题进行科学的分析与评价。

（5）案例分析法。通过对案例进行研究，找出和说明事物变化与发展的基本规律，对这些规律进行实践检验。本书对滑坡灾害风险评估、人口迁移意愿分析及推动机制的建立、避灾移民迁移风险评价和避灾移民安置与补偿模式等内容，结合三峡库区滑坡避灾移民案例进行了实证分析。

1.4.2 研究的体系结构

研究的体系结构如图 1.2 所示，主要由五个部分组成，第一部分主要研究滑坡地质灾害风险管理基础理论及灾害风险评估方法，研究灾害风险管理基础理论（包括理论框架、ISO 31000 标准等），构建滑坡灾害风险管理流程，掌握滑坡灾害风险评估方法，获得风险度评价等级和风险可接受水平等级，为第二部分探讨风险处置应对策略（包括避灾移民策略等）提供理论依据。第二部分重点研究避灾移民内涵及其实施策略的选择。在目前学界还未给出公认的或比较权威的避灾移民系统概念的情况下，深入研究避灾移民内涵，界定其定义、分类和特征，分析其优势、风险和挑战，明确其目标，为后续研究奠定基础；同时依据第一部分的方法与结论，探讨不同风险等级的应对策略（包括避灾移民策略等），为避灾移民提供决策依据。

规避自然灾害风险的同时不能带来社会经济等众多风险，欲使避灾移民健康、有序、协调和高效运行，顺利实现避灾移民的目标，第三部分重点分析避灾移民迁移意愿及影响因素，涉及人口迁移理论、Logistic 回归、样本分析、模型、分析结论等研究；第四部分重点研究避灾移民迁移风险评价及风险分析，涉及指标体系构建、网络分析法评价迁移风险，并着重探讨风险管理应对措施；第五部分重点研究避灾移民安置模式与补偿扶持，涉及移民安置分类体系建立、特征分析和三峡库区实践模式的分析，进一步提出创新思考。本书核心内容在

第三部分、第四部分和第五部分，这三部分内容是避灾移民管理研究的重要组成部分。

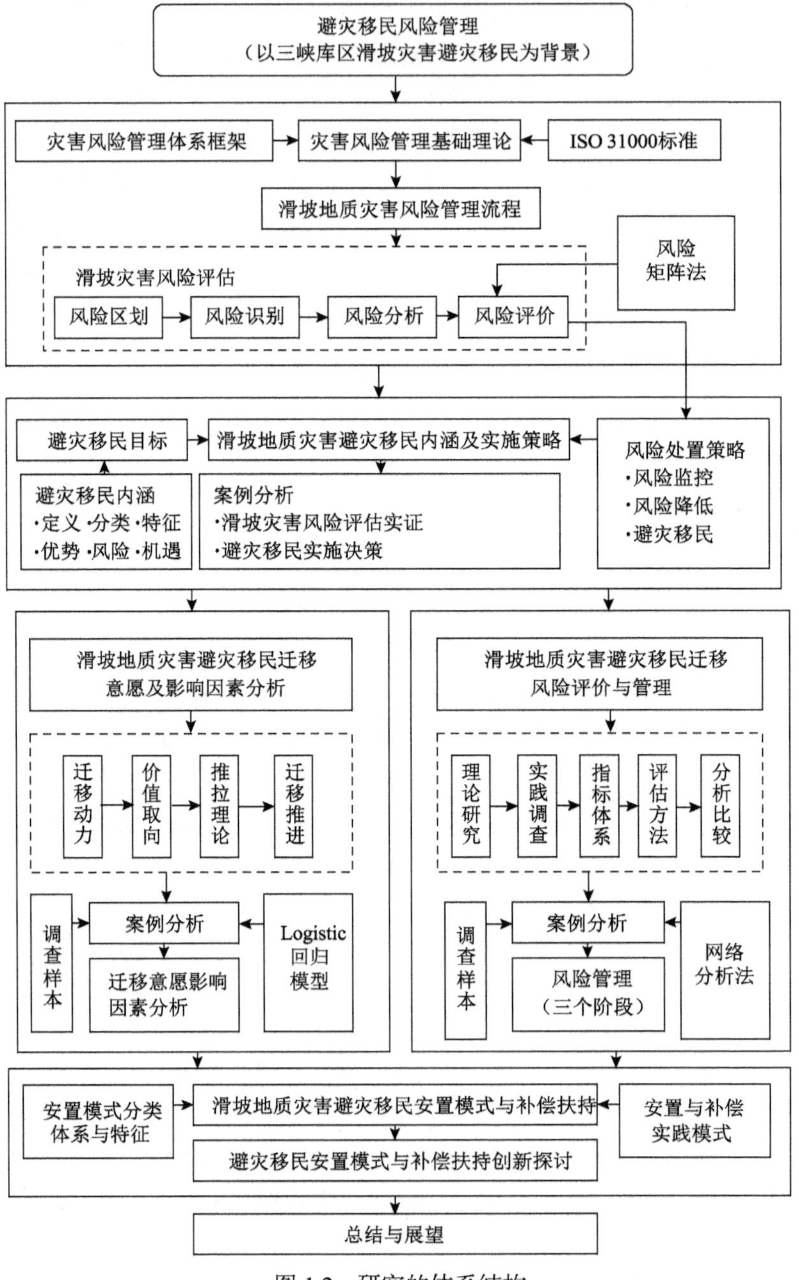

图 1.2　研究的体系结构

1.5　主要研究内容

全书共七章，主要研究内容如下所示。

第 1 章：绪论。首先，阐述避灾移民的研究背景和研究意义，论证避灾移民研究对移民科学与管理学科方向的重要性及其对当前社会的实际价值；其次，通过对国内外灾害风险管理及避灾移民的研究和实践现状进行梳理和总结，分析相关基础理论，提出本书的研究方法、研究体系结构和研究内容。

第 2 章：滑坡地质灾害风险管理及其风险程度评估。从灾害风险管理的基本理论入手，对灾害风险管理的定义、模型、特征、指导框架、基本原则及流程进行综述；在此基础上，建立滑坡灾害风险评估方法技术流程，厘清灾害风险评估所历经的四个环节目标任务，包括风险区划、风险识别、风险分析和风险评价，重点研究滑坡灾害危险性和危害性定性分析方法、风险矩阵模型及其应用于风险评价的方法，为做出避灾移民决策提供理论依据。

第 3 章：滑坡地质灾害避灾移民内涵及其实施策略的选择。首先，界定避灾移民的概念，包括避灾移民的定义、分类和特征，为了进一步研究其内涵，对各种移民类型（如灾害移民、环境移民、生态移民和气候移民等）进行对比分析，找出相互之间的相似性和差异性，以此为基础，探讨避灾移民的优势、风险和机遇，明确目标；其次，依据第 2 章滑坡灾害风险评估结论，研究风险处置策略（应对措施），即风险可接受、可容忍或不可接受水平与实施风险监控、风险降低或避灾移民策略之间的应对关系；最后，结合三峡库区滑坡灾害风险评估与避灾移民决策进行案例实证。

第 4 章：滑坡地质灾害避灾移民迁移意愿及影响因素分析。首先，对人口迁移基本理论进行综述，分析人口迁移意愿动力形成机理，建立迁移意愿价值取向模型，应用人口学推拉理论提出避灾移民迁移推进对策；其次，对调查问卷样本（三峡库区）进行多角度分析，并采用 Logistic 回归分析方法找到正相关和负相关因素，通过综合分析力求获得比较准确且相对完整和客观的分析结论。

第 5 章：滑坡地质灾害避灾移民迁移风险评价与管理。首先，以移民为主体利益相关者，结合三峡库区滑坡地质灾害避灾移民实际，从社会发展、经济发展、政策法规、生态环境、移民心理和舆情五个方面创建避灾移民迁移风险评价指标体系，包括 5 个一级指标、15 个二级指标；其次，综合运用网络分析法对三峡库区滑坡地质灾害避灾移民迁移风险进行定量评价和实证分析，依据风险指标因素权重进行风险排序，并进行评价分析；最后，为了有效地规避风险，探讨风险管理有效措施，以现代区域规划理论为指导，论述了迁移风险管理在准备阶段（包括选址、管理机制、信息系统等）、分析阶段（包括人口分类分析、人口社会经济性分析等）和方案制订阶段（包括移民安置计划、风险应急响应计划、风险控制与修复计划）的工作任务。

第 6 章：滑坡地质灾害避灾移民安置模式与补偿扶持。对避灾移民安置模式进行层次化分类分析，建立分类体系；以集中安置和分散安置、农村安置与城镇安置为主线，着重分析各类移民安置模式内涵及特征，分析三峡库区滑坡地质灾害避灾移民安置与补偿实践模式，探讨避灾移民安置与补偿扶持的创新模式，为探索适合我国避灾移民安置与补偿模式提供一定的基础研究。

第 7 章：总结与展望。概括本书研究的总体观点和研究结论，提出本书研究存在的局限性和研究展望。

第2章　滑坡地质灾害风险管理及其风险程度评估

灾害风险管理（risk management）的基本体系主要包括风险评估（risk assessment）和风险处置（risk treatment）两部分，灾害风险评估以确定灾害风险程度和风险可接受水平为最终目标，为风险处置决策提供依据。从灾害风险管理的角度看，避灾移民正是灾害风险处置策略的一种，但是，由于避灾移民涉及多领域问题，移民工程庞大，极具复杂性、长期性和系统性，面对灾害风险的威胁，移还是不移，先移还是后移，其决策至关重要。因此，本章以灾害风险管理基础理论为指导，着重研究滑坡地质灾害风险管理与风险程度的评估，为避灾移民决策及本书后续研究奠定基础。

2.1　滑坡地质灾害风险管理的基本体系

2.1.1　灾害风险管理的政策框架

灾害风险管理是一个不断循环和完善的过程，包括防灾减灾、应急救助和恢复重建过程，体现了综合灾害风险管理是一个整体的、动态的和协同的综合管理过程。

灾害风险管理的政策框架（胡子江和姜源，2012）主要包括风险识别、风险降低、财政保护、应急预案与响应和灾后重建与恢复五个方面，综合归纳如表2.1所示。

表 2.1　灾害风险管理的政策框架

行动措施	目的	内容
风险识别	识别风险源、风险诱因、脆弱性、影响机理及后果	· 信息系统（采集、监测、数据、模型、地图等） · 分析描述、风险认知、规划与意识
风险降低	降低风险、控制风险、避免新风险产生	· 土地利用计划、行业标准、政策法规和公共信息等 · 风险治理工程（结构改造、住房加固、降低公共基础设施脆弱性等减灾措施） · 避灾移民
财政保护	制定财税政策，减轻灾害造成的经济压力，增强灾后恢复与重建的财政应对能力	· 风险预留机制（专项基金、备用信贷和税收等） · 风险转移机制（保险、转保和灾害相关债券等）
应急预案与响应	提升对突发灾害的应急能力和有效、快速响应能力	· 应急计划（监控、预警、预案、应急措施、响应训练等） · 受突发灾害威胁的人口的临时安置 · 技术性基础设施（通信设施、后勤保障体系等）
灾后重建与恢复	完善管理体系与机制，制定安置规划，确保快速、有效地从紧急状况向灾后重建转移	· 立法与公共团体组织建设 · 规划制定与实施（安置、重建、发展计划等）

2.1.2　灾害风险管理的特征分析

灾害风险管理是实施风险分析和评估、风险控制、降低和转移风险战略的具体行动过程，其目的在于对风险的监控预测，降低、规避和控制风险因素。灾害风险管理具有纠偏性或前瞻性特征（胡子江和姜源，2012）。

纠偏性风险管理（corrective risk management）是针对现存风险的纠正，以控制和降低风险。这些现存的风险通常是过去的自然和社会活动形成的产物，如建在滑坡、崩塌等灾害频发区的居民社区，以及处于洪水威胁区域防御能力低的安置地等。纠偏性风险管理有两种途径，即保守型和激进型。保守型纠偏性风险管理主要针对暴露的风险，一方面，采取措施降低风险，如工程治理与防护、房屋加固与保护、河岸堤坝加固等；另一方面，完善软环境建设，加强制度建设，提升组织机构管理成效，增强应急响应能力，同时重视解决贫困及利益结构等方面潜在的风险问题。激进型纠偏性风险管理以风险识别为前提，在应对措施上将降低风险因素与未来发展目标有机结合。

前瞻性风险管理（prospective risk management）是针对未来可能进一步发展的风险（不是现存风险）或者目前尚未被识别出来但因为不恰当的人类活动可能产生的风险进行管理，其风险可能源于自然或社会，也可能是由家庭或个人、政府或非政府组织所造成。因此，前瞻性风险管理的途径可能是项目投资计划、风险监控体系机制、发展规划或环境保护与管理的组成部分，其目的在于避免犯重复错误而加剧现有风险程度和风险等级，前瞻性风险管理与纠偏性风险管理尽管在内涵与目标上有所差异，但处置手段还是具有相似之处的。

当风险区域既不能用纠偏性风险管理也不能用前瞻性风险管理应对时，此类风险则称为“剩余风险”，灾害管理理论针对剩余风险提出的处置策略将是人道主义应急管理机制。

2.1.3　灾害风险管理的基本原则及流程

为了有效进行风险管理，国际标准化组织在 2009 年制定了《ISO 31000：2009 风险管理-原则与实施指南》，适用于各类风险（包括自然灾害风险等）管理，具有重要的指导性作用。ISO 31000 提出的风险管理基本原则与流程如图 2.1 所示（Okada，2003b）。在其基本原则中，一是强调风险管理的创造和保护价值，有助于组织部门实现目标和提高绩效；二是组织过程中重要的部分不是孤立的；三是有助于决策，选择优先措施，明确行动方向；四是明确说明不确定性和解决不确定性问题；五是具备及时性、系统性和组织性，提高效率；六是基于最优的可利用信息（包括历史数据、经验、利益相关者反馈、调查数据、预测数据和专家判断等），但也要考虑数据或所使用模型的局限性或者专家之间分歧的可能性；七是与组织环境相适应，包括内部环境、外部环境和风险现状等，量体裁衣；八是考虑人文因素，承认内部和外部人员的能力，认识到促进或阻碍目标的实现与人文因素有关；九是具有透明性和包容性，吸纳利益相关方和各层决策者参与风险管理，确保其管理的先进性。

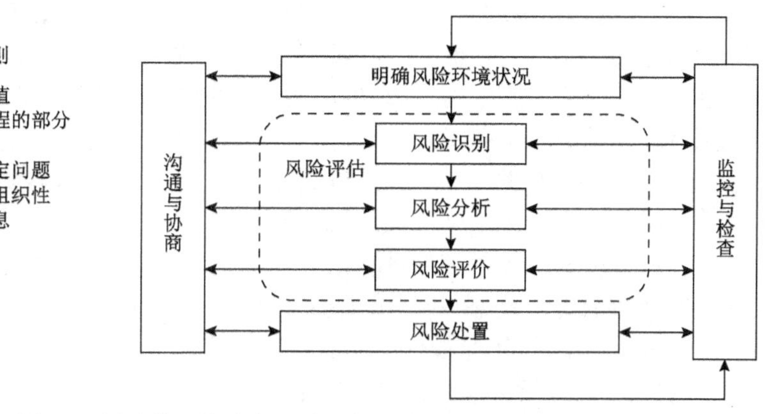

图 2.1　风险管理的基本原则及流程（ISO 31000 标准）

在风险管理的流程中将风险管理划分为明确环境、风险评估和风险处置三个阶段，并强调将沟通与协商、监控与检查贯穿于风险管理全过程。明确风险环境状况（establishing the context）是确定目标、界定风险内部环境和外部环境、确定风险管理过程范围和风险准则的过程；在风险评估中，风险识别（risk identification）是对风险源、风险事件、风险诱因、承灾体的脆弱性和潜在影响后果进行识别的过程；风险分析（risk analysis）是对风险的致因和来源，以及所带来的正、反面后果及后果发生的可能性进行分析；风险评价（risk evaluation）是基于风险分析的结果，将确定的风险程度与建立的风险准则进行比较，为做出风险处理优先决策提供依据；风险处置是对特定风险所采取的控制方法及其实施过程，体现风险决策与控制过程；沟通与协商（communication and consultation）是指与内、外部利益相关方沟通和协商，应存在于风险管理过程所有阶段；监控与检查（monitoring and inspection）是指定期或不定期的风险监控和检查，识别新风险，确保风险控制的有效性。因此，要认识到风险管理是动态，循环和应对内、外环境变化的过程，跟踪变化并做出响应，并强调风险管理要实现组织的持续改进。

2.1.4　滑坡地质灾害风险管理技术流程的建立

滑坡、崩塌、泥石流等是主要的地质灾害类型，滑坡是指山体斜坡上的岩体因某种原因在重力的作用下沿着一定的软弱面（软弱带）整体向下滑动的现象。滑坡的形成可能是由于自然因素或者人为因素，是一种对人类生命、财产威胁大，对环境破坏性强的地质作用。

对于滑坡灾害风险评估，国际上多个机构[如澳大利亚地质力学学会（AGS）、美国地质调查局（USGS）等]都相继出版了一系列研究计划和技术指南等，自从2005年加拿大温哥华滑坡风险管理国际会议提出了滑坡风险管理理论框架后，各种国际组织及专家、学者不断对其完善，其中van Westen等学者提出的滑坡风险评估技术框架最具代表性，被广泛应用。通过研究，本书提出了滑坡地质灾害风险管理技术流程如图2.2所示。

从技术角度看，风险分析和风险评价是风险评估的核心内容，流程中给出了定性分析和定量分析两种途径。按照风险评估工作精度要求：初级工作精度常用定性分析、统计分析和简单模型计算法；中级工作精度常用定性分析、统计分析、简单的专家系统或层次分析法（Analysis Hierarchy Process，AHP）；高级工作精度常用定性分析、统计分析和GIS定量空间分析模型法。在实际评估中，多以定性分析为主、定量分析为辅，也称“半定量分析法”。

从宏观上看，滑坡灾害风险处置主要包括风险监控和风险降低（或减缓）。风险监控是针对潜在的滑坡风险因素进行监测、预警、预报。由于滑坡灾害的发

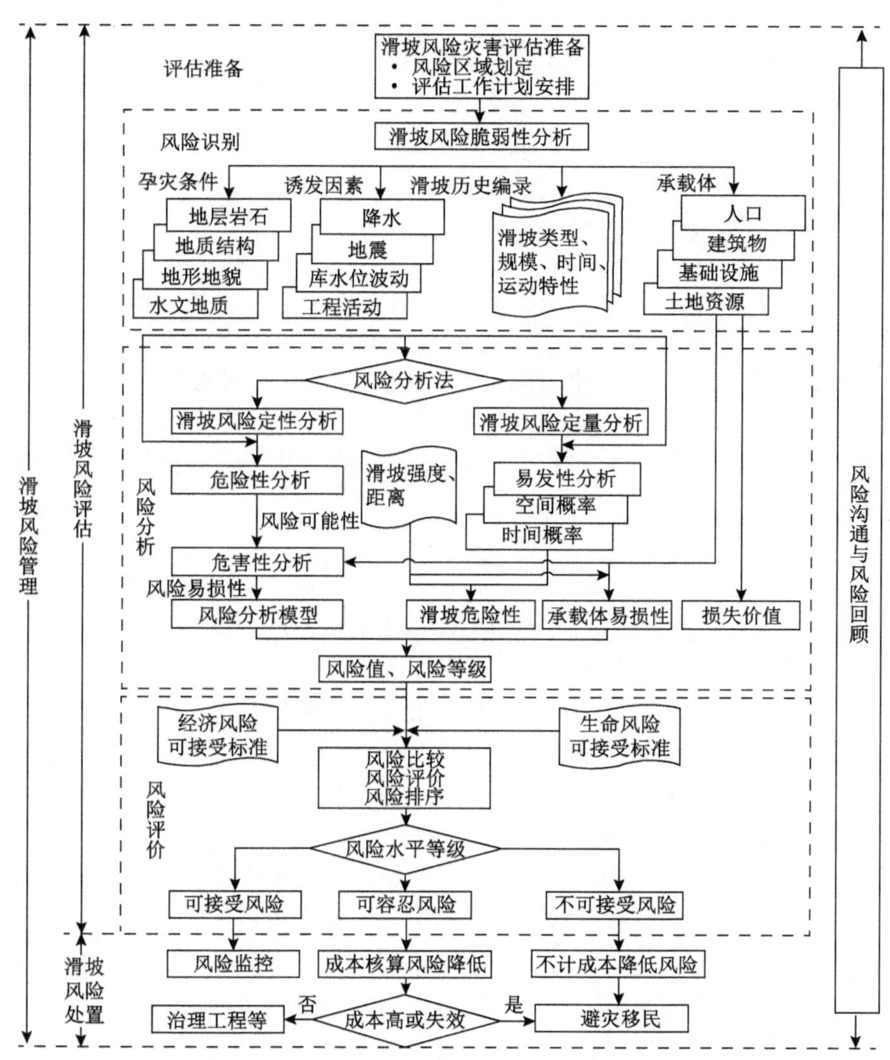

图 2.2　滑坡地质灾害风险管理技术流程

育特征和诱导因素具有动态特性，因此，风险监控作为滑坡灾害风险管理方式，其作用更加重要。风险降低是一种优化组合风险控制行动，其目的在于减少或规避风险的发生，同时避免新的风险产生。一方面，采取硬件干预措施，通过风险减缓工程、结构改造、住房加固等措施减小风险或脆弱性因素；另一方面，强化软环境建设，在土地利用规划、标准、政策、法规和公共事业建设与发展过程中，将风险降低准则纳入其中。然而，当不可扭转的风险（如滑坡、洪水、地震等）对人的生命、财产构成了巨大威胁时，避灾移民往往作为最后的风险降低策略。

2.2 滑坡地质灾害风险程度评估

2.2.1 滑坡地质灾害风险评估的目标与原则

1. 滑坡地质灾害风险评估的目标

风险评估的目标：一是确定灾害的特点（包括空间分布、强度和发生的概率等），即灾害识别和特性描述；二是确定暴露在灾害中的人口和基础设施，即暴露元素的识别；三是确定暴露元素的脆弱性水平，即脆弱性评估；四是潜在损失的估计，即风险等级确定；五是风险评估的不确定性水平，即不确定性等级的定义和相关指标；六是设定行动优先权的标准，即可接受风险程度及干预优先权。

2. 滑坡地质灾害风险评估的原则

主要有三种假设原则、风险评估工作精度分级原则、风险评估结果分级原则和风险评估实效性原则（国务院办公厅，2011）。

（1）三种假设原则。一是基于历史和现实资料预测未来灾害发展趋势与过程；二是基于曾经发生过灾害的区域，与其相似的地形、地质及地貌因素地区预测未来有可能发生的灾害；三是导致灾害的基本因素能够被有效识别、表达或量化，并用定性或定量方法表征或描述。

（2）风险评估工作精度分级原则。风险评估工作精度分三级，即初级工作精度、中级工作精度和高级工作精度。初级工作精度重点关注滑坡点和点密度相关资料，资料来源于室内收集分析、遥感解译和野外考察编录，评估方法采用定性分析、统计分析和简单模型计算；中级工作精度重点关注滑坡形态和面密度相关资料，资料来源除初级材料外，需要将数据按比例尺调查编录，灾害调查可以草测或简测，评估方法采用定性分析、统计分析、简单的专家系统或层次分析等；高级工作精度重点关注滑坡体积、速度、强度、位移、概率等资料，资料来源除中级材料外，需要工程勘查、岩土取样和模拟计算等，评估方法采用定性分析、统计分析和 GIS 定量空间分析模型等。

（3）风险评估结果分级原则。风险评估结果应与评估工作精度相对应，一般情况，初级工作精度区分风险评估结果为三级（高、中、低）；中级工作精度区分风险评估结果为四级（极高、高、中、低）；高级工作精度区分风险评估结果为五级（极高、高、中、低和极低），且建议与危险性、危害性、风险等级区分时保持一致，若选择四级，则各项评价均为四级，用颜色区分则应从高级到低级其颜色由深逐渐变浅。

（4）风险评估实效性原则。对于滑坡等地质灾害的风险评估以定性分析为主，定量分析为辅，根据区域特点及实际能力突出实效性，并提倡采用先进的地理信息系统（Geographic Information System，GIS）、遥感（remote sensing，RS）、现代网络技术等。

2.2.2　滑坡地质灾害风险识别

滑坡灾害风险识别既要识别风险要素，也要识别暴露元素。风险要素的识别包括对滑坡风险区域的发育特征、诱发因素等因素的识别。识别并描述风险特性及与滑坡活动相关的不确定性，其方法是通过使用数值模型估计其空间分布、发生的概率、潜在的冲击能量，研究结果则以地理图像显示区域灾害参数变化规律，并标注高、中、低呈现在整体图像上，以支持决策。

暴露元素的识别主要是对位于潜在风险冲击区域的人口、住房、生产和事业机构、学校、卫生设施及公共服务设施等基本元素的识别。这些元素既有空间上的也有时间上的，通过空间卫星图像、航拍图片、数据信息（包括人口普查、公共卫生、教育、其他服务等）和相关储备信息等进行识别。

2.2.3　滑坡地质灾害的危险性分析

本书研究拟遵循风险评估分级原则，风险评估工作精度拟选中级工作精度，风险评估结果拟选四级，以单体滑坡为例，以定性分析方法为主。单体滑坡风险定性分析是在缺少详细的岩石体数据、滑坡体变形监测数据和水文数据等情况下快速完成风险评估的方法，主要依据历史数据、统计数据和专家经验。

1. 建立专家评价指标体系

本书以三峡库区滑坡灾害区域特征为基础，建立滑坡灾害危险性分析专家评价指标体系如图 2.3 所示，其中包括 3 个一级指标要素（滑坡孕灾条件要素、滑坡诱发要素和滑坡涉水要素），11 个二级指标要素。指标体系中，滑坡孕灾条件要素在此不作解释，见参考文献（赵洲，2012；徐平，2011）。在滑坡诱发要素中，人类工程活动一般指开挖边坡、坡体堆载、灌溉渗漏、土地耕作、矿山开采、水利工程等活动；在滑坡涉水要素中，水位降落比和滑坡可能被淹没比例两个涉水要素都对滑坡稳定性有影响，当水位降落比处于[0，0.4]，前缘高程<145m，涉水很深，库水对滑坡稳定性有一定影响；当水位降落比处于[0.4，0.8]，前缘高程<145m，涉水不深，库水对滑坡稳定性影响极大；当水位降落比大于 0.8，前缘高程在 145m 上下，库水对滑坡稳定性影响小（徐平，2011）。

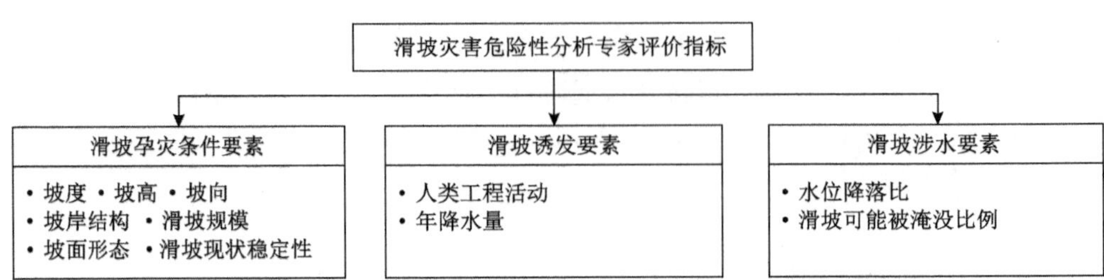

图 2.3 滑坡灾害危险性分析专家评价指标体系

2. 建立专家评分标准

本书对照滑坡发育特征分析、我国县（市）地质调查相关规范及技术（殷跃平等，2007；国土资源部，2006；中国地质调查局，2008）要求和重要文献（赵洲，2012；徐平，2011）等，建立了滑坡灾害危险性专家评分标准（范本），如表 2.2 所示。

评价标准的制定主要依据统计数据、相关规范、技术标准和专家经验等，权重的设置具有一定的主观性。

通过专家对滑坡灾害各危险性指标数据（通过专业实测等手段获取）进行定性分析打分，并取专家的平均分，形成滑坡灾害危险性评价分值。

表 2.2 滑坡灾害危险性专家评分标准（范本）

评价参数	危险性简述	因素子类划分及评分标准						
坡度	坡度在 30°～50°危险性大	子类/（°）	<10	[10，20）	[20，30）	[30，50）	[50，60）	≥60
		赋分	0	2	8	10	6	4
坡高	坡高在 30～80m 危险性大	子类/m	<5	[5，15）	[15，30）	[30，50）	[50，80）	≥80
		赋分	0	2	6	8	10	4
坡向	坡向在 135°～225°危险性较大	子类/（°）	[0，45）	[45，135）	[135，225）	[225，360）		
		赋分	0	4	6	2		
坡岸结构	危险严重性依次为顺向、平缓、逆向、横向	子类	顺向坡岸	平缓坡岸	逆向坡岸	横向坡岸		
		赋分	10	8	6	4		
滑坡规模	滑坡体积按 $10\times10^4m^3$、$100\times10^4m^3$、$1000\times10^4m^3$	子类/（$\times10^4m^3$）	小型 <10	中型[10，100）	大型[100，1000）	特大型 V≥1000		
		赋分	2	4	6	8		
坡面形态	坡面形态凸形危险性大	子类	凸形	直线	阶梯	凹形		
		赋分	8	6	4	2		
滑坡现状稳定程度	按活动特征区分	子类	稳定	较稳定	不稳定			
		赋分	2	6	10			

续表

评价参数	危险性简述	因素子类划分及评分标准						
人类工程活动	依据调查	子类	坡脚开挖	坡体堆载	灌溉渗漏	土地耕作	矿山开采	水利工程
		赋分	依据调查，按照严重、中、轻、无分别取 10、8、6、0					
降水量区间	年均降水量区间	子类/mm	<950	[950，1000）	[1000，1050）	[1050，1100）	[1100，1150）	≥1150
		赋分	8	10	6	4	2	0
水位降落比（涉水）	以 0.4，0.8 判定，前缘高程小于或接近 145m	子类	<0.4，前缘高程接近 145m	[0.4，0.8]，前缘高程<145m	>0.8 前缘高程 ≪ 145m			
		赋分	6	10	2			
滑坡可能被淹没比例	以升至 175m 水位测算	子类	不被淹没	可能淹没				
		赋分	0	10				

3. 危险性等级判定标准

对危险性评价分值进行区段等级划线，建立滑坡灾害危险性评价等级判定标准。本书为了保持评价的一致性，危险性按四级划分（极高、高、中、低），建立如表 2.3 所示的滑坡灾害危险性等级判定标准（范本），表中给出了风险可能性等级区间值，用 R 表示，称为“风险可能性等级”。在定性分析评价中，R 由专家进行风险可能性赋值。

表 2.3　滑坡灾害危险性等级判定标准（范本）

滑坡危险性评价分值	危险性判定等级	含义	风险可能性赋值（R）
≥75	极高	几乎确定	4.0～5.0
[50，75）	高	很可能	3.0～4.0
[25，50）	中	可能发生	2.0～3.0
<25	低	不确定	1.0～2.0

2.2.4　滑坡地质灾害的危害性分析

1. 建立危害性分析评价体系

本书借鉴德国灾害风险分析损害参数体系（国土资源部，2006）及相关研究（董泽宇，2013），建立滑坡灾害危害性分析评价体系，包括 5 个一级指标要素和 20 个二级指标要素（也称为“损害参数”），如表 2.4 所示。该体系建立在风险辨识分析基础之上，确认风险发生后可能造成的损害规模，充分考虑对不同领域和所有保护对象可能出现的负面影响，该体系损害参数的选择相对完整，适合对其他风险进行评价。

表 2.4　滑坡灾害危害性分析评价体系

一级指标	二级指标
人口 P	死亡人数 P1、受伤人数 P2、暂时安置人数 P3、长期安置人数 P4
经济 V	直接经济损失 V1、间接经济损失 V2、处置与善后成本 V3
基础设施 I	饮用水中断 I1、电力中断 I2、通信中断 I3、交通中断 I4、燃气中断 I4
生态环境 E	保护区的破坏 E1、水域影响 E2、土地影响 E3、大气影响 E4
社会环境 S	社会生活中断 S1、政治影响 S2、社会心理影响 S3、文化产物损坏 S4

滑坡灾害的危害性分析可以理解为对受威胁的承灾体损害性分析（也称“后果分析”），包括潜在影响范围内的人口、经济、基础设施、生态环境、社会环境等领域，在实际评价中，可以根据研究区域的社会经济特征及灾害风险特征制定评价指标要素。

在人口领域，死亡人数指因灾遇难人口（含失踪人口）；受伤人数指因灾需接受治疗的人口；暂时安置人数指因灾需暂时转移安置或原地救助人口；长期安置人数指因灾需原地重建或移民安置人口。

在经济领域，直接经济损失指房屋、财产、设施和三次产业损失总和；间接经济损失指所有间接经济损失总和；处置与善后成本指因灾所投入的各种费用总和。

在基础设施领域，分析评价主要指因灾造成饮用水中断、电力中断、通信中断、交通中断、燃气中断的时间和受影响户数。

在生态环境领域，对保护区的破坏包括自然、名胜、森林公园面积等；对水域的影响包括遭破坏的表面水域或河、溪、湖、海等；对土地的影响包括遭破坏的耕地、林地、工业和城市用地等；对大气的影响包括遭破坏的大气等。

在社会环境领域，社会生活中断指灾害对公共生活的影响程度；政治影响指灾害对政治运行的影响程度；社会心理影响指灾害对大众心理的影响程度；文化产物损坏指灾害对文化物质的影响程度。

实际评价中，承灾体损害参数分析将是一项复杂的系统工程，由于损失值的计算是风险分析中至关重要的一步，需要吸收不同领域的专家鉴定，估算每一个参数的预期损害规模。为了便于估算，每个参数都会根据之前所规定的级别分类获得一个损害值。在规定损害值时引用参考事件的经验，同时考虑一些其他影响损害的因素如脆弱性、现有的保护措施和防灾资源等。

2. 确定损害值

采用定性评价方法需要对损害参数评价赋值，其赋值方法则需要依据国家、省（自治区、直辖市）相关法规、预案和经济发展情况确定。本书借鉴德国风险危害性分析方法（董泽宇，2013），确定损害值赋值如表 2.5 所示，赋值区间为 0～5。

表 2.5　滑坡灾害危害性分析损害值

领域	序号	损害参数	缩写	绝对单位	预期损害	损害值
人口	1	死亡人数	P1	人员数量	15	2
	2	受伤人数	P2	人员数量	120	3
	3	暂时安置人数	P3	人员数量	10 万	3
	4	长期安置人数	P4	人员数量	0	1
经济	5	直接经济损失	V1	亿元	40 亿	5
	6	间接经济损失	V2	亿元	待统计	1
	7	处置与善后成本	V3	亿元	待统计	1
基础设施	8	饮用水中断	I1	人员数量/（小时/天）	无	1
	9	电力中断	I2	人员数量/（小时/天）	23 万/3 天以下	5
	10	通信中断	I3	人员数量/（小时/天）	12.5 万/1 天以下	3
	11	交通中断	I4	人员数量/（小时/天）	无	1
	12	燃气中断	I5	人员数量/（小时/天）	无	1
生态环境	13	保护区的破坏	E1	公顷	500	2
	14	水域影响	E2	公顷/千米	无	1
	15	土地影响	E3	公顷	无	1
	16	大气影响	E4	公顷	无	1
社会环境	17	社会生活中断	S1	程度	无	1
	18	政治影响	S2	程度	无	1
	19	社会心理影响	S3	程度	无	1
	20	文化产物损坏	S4	数量/程度	3 处损坏明显	3

评价方法：专家根据指标体系对照赋分，评价打分，按照式（2.1）计算滑坡风险危害性总损害值 D，其中 X 为总损害参数的数量。

$$D=\frac{\Sigma P+\Sigma V+\Sigma I+\Sigma E+\Sigma S}{X} \tag{2.1}$$

鉴于本书的研究背景，主要危害性因素侧重在人员、房屋财产、财产经济损失指标方面，为此，专家进一步研究了其损害参数评价标准，为后续案例分析奠定了基础。根据我国县（市）地质灾害调查相关规范（中国地质调查局，2008）

和技术要求（游志斌，2013），设定滑坡风险危害性人口损害参数评价标准如表 2.6 所示，滑坡风险经济损失危害性等级标准如表 2.7 所示。

表 2.6　滑坡风险危害性人口损害参数评价标准

受风险威胁人数	<10	[10，30）	[30，100）	[100，1000）	≥1000
危害性	小	中	较大	重大	特大
损害值	[0，1）	[1，2）	[2，3）	[3，4）	[4，5）

表 2.7　滑坡风险经济损失危害性等级标准

直接经济损失（万元）	<50	[50，100）	[100，500）	[500，1000）	≥1000
潜在经济损失（万元）	<500	[500，1000）	[1000，5000）	[5000，10000）	≥10000
危害性	极小	小	一般	大	极大
损害值	[0，1）	[1，2）	[2，3）	[3，4）	[4，5）

根据财产承灾体的易损性、数量和价格计算滑坡危害可能造成的经济损失后果，再根据经济损失价值确定风险危害程度，以此确定滑坡风险财产危害性等级。事实上，该标准的等级确定还受灾害区域经济发展水平和防灾减灾能力等综合因素的制约。

综上所述，通过上述步骤获得滑坡风险危害性总损害值 D，为后续风险评价奠定了基础。

2.2.5　滑坡地质灾害的风险估算

根据滑坡灾害危险性和危害性定性分析确定的风险可能性 R、总损害值 D，再采用式（2.2）对滑坡灾害风险进行估算，可以获得风险值 V，该值为后续进行风险矩阵法评价提供了基础数据。

$$V = \sqrt{R^2 + D^2} \tag{2.2}$$

需要说明的是，如果采用滑坡灾害风险分析定量分析法，则要求在拥有详细的岩石体数据、滑坡体变形监测数据和水文数据等情况下进行，利用物理力学模型等方法确定，理论上具有较高的精度和可靠度。但是，由于滑坡等地质灾害没有明显的衰减规律，完全依赖数学模型，不一定与实际相符（吴树仁等，2009），因此，提倡在定性分析的基础上，采用简单实用的模型和方法，即以定性为主、定量为辅。基于以上所述，本书对定量分析以建立概念为主，不进行详细计算推导。

2.2.6　滑坡地质灾害风险可接受水平的评价

在灾害风险管理理论研究中，灾害风险容许标准是一个很重要的概念，最早提出这一概念的文献见于 1974 年。英国在 1974 年颁布的《工作健康安全法》(*The Health and Safety at Work Act*）中明确了风险决策 ALARP 准则（As Low as Reasonable Practicable），对于风险的可接受水平的选择及风险的处置对策具有重要指导意义。ALARP 准则将风险划分为三个风险容许区间，即可接受风险（acceptable risk，AR）、可容忍风险（tolerable risk，TR）和不可接受风险（unacceptable risk，UR）。英国健康与安全委员会（Health and Safety Executive，HSE）对可容忍风险框架的界定如图 2.4 所示。

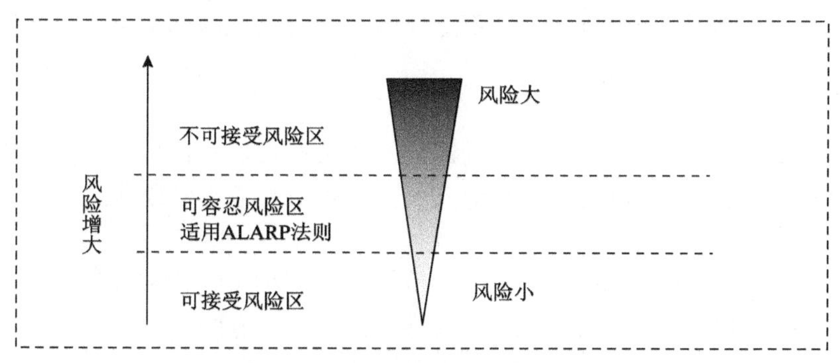

图 2.4　HSE 的可容忍风险框架

不可接受风险区域因其风险高（处于三角形的上部），一般被确定为不可接受，必须不惜代价规避风险；可接受风险区域因其风险不严重，甚至可以被控制（处于三角形的下部），通常只要采取定期实施风险监测，确保其风险稳定不再发展即可；而可容忍风险处于两者之间，这一区域的风险水平被确定为有限可接受，并符合 ALARP 法则，即风险应该保持在合理可行尽量低的水平上，对其进行风险处置时需要在进行成本—效益分析后做出风险处置决策。

国际地质科学联合会风险评价委员会依据 ALARP 法则提出了可接受风险原则，世界上许多国家也依据 ALARP 法则制定了相应的风险容许标准。针对地质灾害可接受风险标准，需要根据地质灾害造成的生命风险容许标准和经济风险容许标准确定可接受风险上限。

1. 地质灾害生命风险容许标准

地质灾害生命风险由个人风险（individual risk，IR）和社会风险（social risk，SR）组成（赵洲和侯恩科，2011）。个人风险指一个人遭受地质灾害可能出现的伤亡概率；社会风险指地质灾害造成人员伤亡超过一定数量的累计概率。由于地质灾害可接受风险标准与人口、社会、经济、地质环境、风险认知和风险意识等多种因素有关，所以，各国研究结论不同，尚未形成国际统一的滑坡灾害风险容许标准。澳大利亚地质力学学会提出（AGS，2007c）：个人生命可接受风险和可容忍风险的标准建议为：边坡的可接受风险现有是 10^5/a，新建是 10^6/a；边坡的可容忍风险现有是 10^4/a，新建是 10^5/a。我国（除香港地区之外）在地质灾害风险容许标准方面的研究还处于起步阶段，目前没有灾害风险评价的技术规范或风险容许标准。陈伟、汪敏、谢全敏、刘莉等多位学者均对此有所研究，典型的研究（陈伟和许强，2012）给出的我国地质灾害可接受风险标准的上限值为 10^6/a，即可容忍风险值；可接受风险标准的下限值为 10^7/a，即可接受风险值。

对于定性风险分析结果的评价，目前一致的做法是将极高风险、高风险归为不可接受风险，将中等风险归为可容忍风险，而将低风险归为可接受风险。

2. 地质灾害经济风险容许标准

地质灾害经济风险容许标准的制定涉及受灾区域的经济发展、防灾减灾能力等综合因素，确定难度较大。一般情况下，可使用参考历史数据或民意调查数据等方法确定。

目前国际上较为流行的灾害风险评价模型有多种（陈伟和许强，2012），如美国 HAZUS-MH 模型、美国 CVAT 模型、加拿大风险评估模型和风险矩阵模型等，由于 HAZUS-MH 模型过于依赖地理信息数据，所以在缺乏数据支撑的研究区域十分受限；CVAT 模型过于强调经济、社会和环境影响，综合性不足；加拿大风险评估模型过于主观判断，缺乏全面性；而风险矩阵模型尽管在灾害发生频度和矩阵区间划分过于笼统，但是笔者经过对比认为，对于以避灾移民为目标的灾害风险评价，风险矩阵模型相对可取。本节将着重研究风险矩阵模型及方法。

3. 风险矩阵法及其模型

风险矩阵法（Risk Matrix Method，RMM）是由美国权威管理咨询公司（Arthur D Little）提出的，1995 年 4 月美国空军电子系统中心首次采用风险矩阵法对项目风险进行了评估。该方法是在识别项目风险的基础上，运用风险矩阵分析和评估风险对项目的潜在影响， 计算风险发生的概率，依据标准评定风险等级，为风险管理者提供决策依据，因此也被称作“决策矩阵法”。

风险矩阵模型涉及两个维度，横轴反映了风险的严重程度，即危险性，用 X 表示；纵轴反映了风险导致的后果，即危害性，用 Y 表示；风险的严重程度包括人的伤亡、财产损失、环境与经济影响等。按照四级分类标准分为风险小、风险中、风险高和风险极高；风险的频度可以按事件发生的频率达到多少年一遇来划分，其分类标准为低频度（低于千年一遇）、中频度（百年一遇到千年一遇）、高频度（十年一遇到百年一遇）、极高频度（十年以下一遇）；矩阵对应的字母A、B、C、D是根据风险的严重程度和频度对风险进行评估结果，分为极高风险级、高风险级、中风险级和低风险级，如图 2.5 所示（Long and John，1993）。

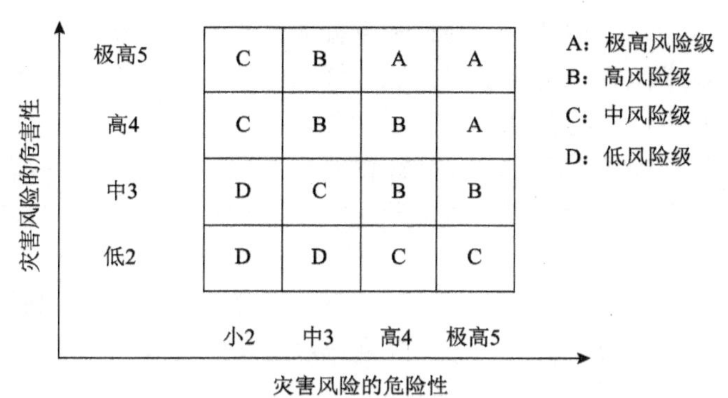

图 2.5　风险矩阵模型

4. 风险等级及风险可接受水平的确定

滑坡灾害的风险评价是根据灾害风险分析结果，对照风险容许标准判断风险的可接受性，并以此作为风险处置基本依据。采用风险矩阵模型法进行风险评价分为以下几个基本步骤。

（1）确定风险等级。根据灾害危险性和危害性分析，利用图 2.5 方法绘制风险矩阵图谱，判断风险等级（A 级、B 级、C 级、D 级），确定滑坡灾害风险等级程度。

（2）计算风险值。定性分析采用公式（2.2）计算风险值 V。

（3）确定风险可接受水平。对于定性分析，认为风险位于 A 级（极高风险级，数值 5）和 B 级（高风险级，数值 4）都属于不可接受风险水平范畴，而在 B 级（高风险级，数值 4）和 D 级（低风险，数值 2）之间属于可容忍风险水平范畴，D 级（低风险，数值 2）以下属于可接受风险水平范畴。因此，将计算的风险值 V 与 4 和 2 进行比较获得风险可接受水平的评价结论：当 $V>4$ 时，为不可接受风险；当 $2<V<4$ 时，为可容忍风险；当 $V<2$ 时，为可接受风险。

对于定量分析，可根据计算的生命风险 R（DI）和财产风险 R（PD）与生命风险容限、经济风险容限比较获得风险可接受等级。

滑坡风险等级和可接受风险水平为风险管理决策提供依据。针对不同风险应实施风险分区，要进行风险跟踪评估，体现不同危险程度的土地利用，重视周期性复核（赵洲，2012），以便及时做出风险处置决策，适应自然和社会等因素的动态变化。

2.3 小结

灾害风险管理定义、模型、指导框架、特征、标准原则及流程对于本书开展滑坡地质灾害风险评估的认识、理解和掌握方法具有重要指导意义。建立滑坡灾害风险管理的技术流程，明确了灾害风险评估路径；研究滑坡风险评估目标和原则，使评估过程更加规范化和具有科学性。

在灾害风险管理的过程中，风险评估是做出风险处置决策的前提和依据，灾害风险评估主要包括风险识别、风险分析、风险评价几个步骤。其中，风险识别是对风险源、风险事件、风险诱因、承灾体的脆弱性和潜在影响后果的认知过程，具有较强的技术性；风险分析是对灾害风险危险性和危害性（或易损性）的分析，可用定性分析或定量分析方法，或者二者结合，可以根据风险评估工作精度分级原则及实际需求选择对应的分析方法，本书则着重研究定性分析法；风险评价是依据风险分析结论与风险准则比较决定灾害风险等级和可接受水平，目前，风险评价方法有多种，各有其自身的特征，本书所采用的风险矩阵评价法具有较高的实效性。在上述分析的基础上，优化组合各种风险管理技术，做出风险应对处置决策，规避风险和控制风险，以期用最小成本、最小代价获得最大的安全保障。

通过对滑坡灾害发育特征、诱发因素及承灾体易损性的分析，结合三峡库区滑坡灾害及其涉水问题，以单体滑坡为例，建立了滑坡灾害危险性分析指标要素和危害性（承灾体损害性）指标体系，进行定性分析获得了风险可能性 R、滑坡风险危害性总损害值 D 和估算风险值 V；研究了灾害风险允许容限相关理论，运用风险矩阵模型评价了风险等级，获得了风险可接受水平结论，包括可接受风险、可容忍风险和不可接受风险，为后续研究风险处置应对策略奠定了基础。

第3章　滑坡地质灾害避灾移民内涵及其实施策略的选择

避灾移民是降低灾害风险的一种有效的风险处置策略，是一种摆脱遭受自然灾害风险严重威胁的长效机制。避灾移民是近年来出现的新概念，目前，国内外文献关于避灾移民的概念较为完整但论述较少。为此，本章首先界定避灾移民的定义、分类和特征；其次，对比分析灾害移民、环境移民、生态移民和气候移民，增强对避灾移民内涵的认识，分析避灾移民的优势、潜在风险及发展机遇，明确滑坡地质灾害避灾移民的目标；最后，以风险评估为依据，探讨风险处置应对策略，着重论述避灾移民实施策略的选择。

3.1　相关移民概念比较分析

目前，众所周知的移民类型有多种，如工程移民、开发性移民、水库移民、扶贫移民、灾害移民、环境移民、生态移民和气候移民等。通过分析，笔者认为，在概念上，与避灾移民相关性较强的是灾害移民、环境移民、生态移民和气候移民等。对其概念的异同性进行分析十分重要，有助于深入认识避灾移民，厘清概念。

3.1.1　灾害移民

灾害移民是由于灾害胁迫导致的人口迁移与社会经济重建活动，这里的灾害可以是自然灾害、技术灾害和社会灾害。目前的灾害移民多以自然灾害为诱因，主要有水文气象灾害和地质灾害等，水文气象灾害包括干旱、洪水、狂风、暴雨、冰雹等，地质灾害主要包括地震、火山爆发、海啸、泥石流和滑坡等。

施国庆等（2009）、陈勇（2009）等对灾害移民分类及特征等问题给出了以下论述。

（1）依据移民主导因素分为自发灾害移民和政府主导灾害移民。自发灾害移民是由于灾害威胁造成生存困难而不得不离开故土，从而形成的人口迁移；政府主导灾害移民是为了规避灾害风险，政府有组织地将灾害风险区域的人口迁移出来，并与改善移民生产生活水平、实现区域经济发展相结合。

（2）依据移民主观意愿分为自愿灾害移民和非自愿灾害移民，这种自愿和非自愿分类是根据移民对自己的迁移行为是否具有决定权划分的。

（3）依据移民实施的时间起始分为预防性移民（灾前移民）、应急性移民（灾中移民）和灾后移民。

（4）依据移民安置持久性分为永久性灾害移民和临时性灾害移民。永久性灾害移民在迁移后便定居下来，不再返回迁出地；临时性灾害移民为了躲避灾害而暂时离开原居住地，当灾害威胁过去后又返回原居住地。

（5）依据移民影响范围分为国际灾害移民、国内灾害移民和区域灾害移民，涉及人口迁移是在不同国家还是在同一国家或区域内。

不同于一般意义上的移民（如水库移民、环境移民等），灾害移民具有突发性、自愿转移性和迁移往复性等特征。

（1）灾害移民的突发性。灾害移民的启动具有突发性，除气象灾害外多数为不可预测，所以人口的迁移时间具有不确定性。

（2）灾害移民的自愿转移性。移民在不同时期具有自愿性与非自愿性的转换特性，当灾害未发生或尚未严重到对人的生存构成威胁时，移民活动往往是非自愿的；当灾害破坏性巨大，人们心理极度恐慌，移民自然由非自愿转化为自愿；当灾害发生后，由于对灾害风险认知具有差异性，有些人心存侥幸心理，顾及移民过程损失大，影响其迁移决策，对于灾害移民认识发生变化，又会从自愿向非自愿转变。

（3）灾害移民的迁移往复性。体现为移民在搬迁安置后，不能在安置区持续稳定发展而重返原住地后，出现的政府再次组织灾害移民，移民再次返迁的循环往复现象。

3.1.2　环境移民

环境移民（税伟等，2012）是因规避环境被破坏或者为了保护环境而进行的人口迁移，国外一般称为“环境难民”（environmental refugee）或“环境移民”（environmental migrant），也有称为“环境迁移人”（environmentally displaced persons）等。

环境难民和环境移民的概念自提出后就一直饱受争议，争论的焦点在于难民身份可以得到国际上相关政府或部门的收留与救助，而移民则不能享有相同的权利。联合国难民署（United Nations High Commissioner for Refugees，UNHCR）为了避免争议，2007 年提出了“环境迁移人”的概念，并定义其为由于环境、生态和气候变化等不利因素，导致人们的生命、生活及财产受到严重的威胁，而被迫离开原生存地的人，并明确环境迁移人的最终迁移地不出国界，仅在本国范围内（Susan，1997）。

联合国大学环境与人类安全研究所（United nations University for Environment and Human Security，UNU-EHS）在其研究报告中提出了“强制性环境移民”（forced environmental migrant）的概念，将其描述为因环境压力，而被迫离开原居住地的人。该定义突出了因环境因素而进行迁移的非自愿性（Sophie，2010）。

3.1.3　生态移民

生态移民（周建和施国庆，2009）是由于生态系统遭到破坏或恶化而导致人类生存条件丧失后产生的人口自愿迁移活动，或以保护和修复生态系统为目的，有计划地将人口从生态脆弱区域迁出并实现社会经济重建的非自愿性活动。

生态移民既有助于改善生态环境，也有助于缓解贫困，推进城市化发展进程，是实现人与社会、人与自然和谐发展的现实选择。

3.1.4　气候移民

气候移民是由于全球气候变化问题已成为 21 世纪人类社会面临的严峻挑战，引起极大关注，从而催生出的概念。其是由于气候变化导致生态失衡、地质变异、环境污染等而致灾，使民众遭受风险威胁，导致的被迫迁移（陈绍军和曹志杰，2012）。

当前，世界各国十分重视气候移民，并将其纳入了国家应对气候变化战略，完善了管理体系，建立了政策保障机制，对气候移民重点区域进行了统筹规划。

3.1.5　概念比较与认识

综合上述对比分析，灾害移民、环境移民、生态移民、气候移民等从概念上各有领域性的侧重，既有相似性也有差异性。

（1）相似性。从灾害的角度看，当生态恶化、环境变迁或气候变化将成为致灾因素时，环境移民、生态移民和气候移民最终都可能成为灾害移民的范畴，都可以归属为因灾移民，具有自愿性和非自愿性。其交集在于都对人、财产和社会经济发展构成风险威胁，与工程移民、扶贫移民等具有显著差别。从风险管理的角度看，不管是灾害移民还是环境移民、生态移民和气候移民，实施人口搬迁管理过程具有相似性，都会涉及风险评估、人口迁移意愿性、人口迁移安置、移民生产与生活恢复、移民社区和生活服务体系重建等环节。通过有计划的人口迁移和社会经济重建活动来避免未来可能发生的风险，体现以防灾减灾为目的、政府为主导、移民为主体、社会力量广泛参与的移民活动（陈阿江等，2000）。

（2）差异性。灾害移民、环境移民、生态移民、气候移民具有差异性。一方面，各自具有确定的领域（或者学科范畴）；另一方面，灾害移民的成因是灾害发生导致移民丧失在原来居住地继续生活的条件；同时，灾后重建移民活动具有时间紧、任务重、资金大、投入集中的特点，与生态移民、气候移民、环境移民时间长、任务和资金均可以调节有差异性。

那么，避灾移民如何理解？对比分析，笔者认为，避灾移民更加强调因灾避险移民，强调预防性移民或灾前移民。因此，对于灾害移民、生态移民、气候移民和环境移民领域，只要涉及规避灾害风险或预防性移民，都可以纳入避灾移民的范畴。

3.2 避灾移民及其内涵分析

3.2.1 避灾移民的定义、分类及特征的界定

目前，避灾移民的权威性定义还未见，根据中外学者的代表性论述（何得桂，2013a，2013b；何得桂和鄢闻，2014；世界银行，2014），笔者对避灾移民相关概念的界定探讨如下。

1. 避灾移民的定义

避灾移民是在灾害未发生前，对居住在灾害风险高发区所有或部分居民实施的重新安置，防止其他降低风险措施与重建活动失效而付出巨大的生命与财产代价。

避灾移民属于灾害移民的范畴，是预防性灾害移民，本质上更加强调因灾避险移民。

2. 避灾移民的分类

避灾移民的分类按主导因素、主观意愿、移民安置持久性和移民影响范围等划分，与灾害移民分类具有共性，这里不再重述。进一步探讨，笔者认为，避灾移民还可以细化分类。

（1）按灾害种类分为自然灾害（包括地质灾害、气象灾害等）避灾移民、技术灾害（包括核泄漏等）避灾移民或社会灾害（包括战争等）避灾移民。

（2）按灾害发生的先后分为避险移民和避次生灾害移民。避险移民是灾害发生前的避险搬迁；避次生灾害移民是灾害已发生，但为了规避新的灾害或次生灾害发生实施的人口迁移。

（3）按搬迁实施进程分为近期避灾移民和远期避灾移民。由于避灾移民主要取决于风险的严重程度，也与搬迁成本、移民意愿和社会经济等综合因素相关，因此，为了缓解土地与财政等多重压力，人口搬迁可以规划为近期或远期。

3. 避灾移民的特征

避灾移民与灾害移民类似，也具有突发性、自愿性与非自愿性转移特性和迁移往复性等特征，但是更加强调预防性。

（1）避灾移民的突发性。由于自然灾害多为不可预测的，具有突发性，如滑坡、崩塌、洪水、地震等，避灾移民的启动具有突发性，所以规避灾害风险实施的人口迁移时间具有不确定性。

（2）避灾移民具有自愿性与非自愿性转移特性。一方面，体现灾害风险区域的人口对风险的认知程度，移民活动具有自愿性和非自愿性；另一方面，体现移民在不同时期具有自愿性与非自愿性的转换特性，当灾害未发生或尚未严重到对人的生存构成威胁时，移民活动往往是非自愿的；当灾害已经对人的生存构成严重威胁，造成人们恐惧心理，移民自然由非自愿转化为自愿；当灾害已发生，所造成的损失可接受，对规避新的灾害或次生灾害威胁心存侥幸心理，又会从自愿向非自愿转变。

（3）避灾移民的迁移往复性。体现为移民离开风险地迁移到新的安置地后，不能在安置地稳定地生活和持续地发展而重返原住地，为了规避风险威胁，政府再次组织避灾移民，形成移民再次返迁的循环往复现象。

（4）避灾移民的预防性。避灾移民本质上是因灾避险移民，其预防性意味着灾害发生前，采取移民搬迁行动，在保护了移民的生命的同时，所有私有的、公共的、社会的财产都将被重新安置到一个地方，财产得到保护而不会被损害或者遭破坏，使经济活动继续进行，人口和社会的收入作为一个整体不受影响，这里，唯一不能被重新安置的财产是土地，它反映了移民活动的代价。

3.2.2　避灾移民的优势分析

1. 保护生命与财产的直接优势

与受灾移民相比，避灾移民是一项防灾减灾系统工程，其直接优势体现在以下几个方面。

（1）生命得到保护。通过对居住在灾害风险高发区的居民实施重新安置，可避免直接面对灾难冲击，付出巨大的生命代价。同时避免间接影响，不仅对暴露于风险中的人和物，而且对整个社会也是如此。

（2）财产得到保护。避灾移民过程意味着所有私有的、公共的、社会的财产都将被重新安置到一个地方，财产得到保护而不会被损害或者遭破坏。重新安置生产物资极其重要，它能使经济活动继续进行，人口和社会的收入作为一个整体不受影响。避灾移民与灾后重建的代价相比是建造基础设施和为选择新的安置土地的直接货币代价。

（3）避免间接（非）货币性成本代价。避灾移民涉及灾后重建的直接损失因移民而无法避免，例如，房屋、厂房、社会公共设施及其他公共和私人设施，要为安置人口而建造。然而，间接货币性成本代价及非货币性成本代价能够被避免。例如，不必为受灾难影响的人口建造掩蔽处，医疗和教育服务的供应也不会被中断，工商业活动也不会受到干扰。

2. 实现社会经济重建的间接优势

避灾移民也是社会经济重建系统工程，不仅包括房屋的重建，同时也包括收入来源、经济活动、社会关系、使用公共服务及社会与文化的重建。如果避灾移民安置系统运转得好，既可以使移民搬迁后居住环境得到明显改善、生产生活水平普遍提高、承灾能力不断增强、居住地居民和谐致富，又可以促进区域经济可持续发展，社会稳定，人民安居乐业。

世界各国在避灾移民实践中，都将社会经济重建工作视为避灾移民重要的目标，视为生产体系或新开拓地重建的一次机会，作为国家减灾战略和脱贫策略的组成部分。

3. 对比灾后移民重建的成本优势

与灾后移民重建相比，避灾移民具有潜在成本优势，灾前移民可以避免灾后移民重建引发的诸多问题所带来的货币性（直接费用、间接费用）成本代价和非货币性（直接费用、间接费用）成本代价，具体分析如表 3.1 所示。

分析可见，在灾害风险来临之前，实施避灾移民，不仅避免了人员伤亡，在基础设施、个体财产和集体财产等方面都可以减少成本代价。事实上，避灾移民可以将处于灾害风险之中的人、财、物迁走（除土地之外），丧失土地是移民最大的成本代价，所以，避灾移民的主要成本是用于基础设施建设、移民安置补偿和为新移民地提供土地所需费用等。

世界银行是肩负着以促进地区社会经济发展和缓解贫困为己任的国际组织，

在其移民安置政策中，强调如果减灾已经无路可走，移民是降低风险最可行的选择。尽管移民是一项复杂的系统工程，但还是存在不少成功的避灾移民案例。此举不仅消除了灾害带来的风险，而且提高了相关人群的生活和安全标准，相关政府收回了处于危险中的区域而用于其他用途。

表 3.1　灾后移民重建潜在的（非）货币性成本代价

影响		货币		非货币	
		直接费用	间接费用	直接费用	间接费用
人员伤亡	死亡	·预期经济活动 ·丧葬费	·收入损失 ·死者家属安抚费	·幸存者 ·死者家属心理创伤	·幸存者 ·家属社会影响
	伤残	·医疗费 ·误工费	·失业导致收入损失	·伤者、残疾人 ·减少劳动力资源	·伤者心理 ·社会影响
基础设施	公共设施与服务	·资产损失 ·维修和重建成本 ·清理废墟成本	·建造临时救援成本 ·服务中断影响成本	·公共设施服务损失（教育、医疗、通信、能源中断）	·社会活动中断 ·人力资源减少 ·发病率提高
	生产设施与服务	·资产损失 ·维修和重建成本 ·清理废墟成本	·净资产损失 ·收入下降或失业 ·生产瘫痪产值下降 ·物质运输成本	·商品供应不足	·潜在社会冲突
个体财产	土地	·资产损失	·土地关联经济损失	·私人财产损失	·心理和社会影响
	住宅	·资产损失 ·维修和重建成本 ·清理废墟成本	·临时安置成本 ·净资产损失 ·信贷损失	·失去房屋	·心理和社会影响
	财产	·丧失个人财物 ·丧失家庭财产	·补充财产开支 ·救济物质成本	·失去服务损失 ·依靠援助	·心理影响
	农牧业	·资产损失	·销售损失	·失去牲畜	·心理影响
	生产性资产	·机器、工具损失 ·生产性资产更换	·生产中断或瘫痪 ·收入减少	·生活条件下降 ·生活质量下降	·生活压力大 ·心理影响
集体财产	集体土地	·资产损失	·土地关联经济损失	·集体财产损失	·心理和社会影响
	房屋	·房屋损失 ·维修和重建成本 ·清理废墟成本	·临时安置成本 ·净资产损失	·失去集体房屋	·心理和社会影响
	其他资产	·公共财产损失 ·安置成本	·临时设施成本 ·降低其他投资	·失去相关服务 ·社会网络损失	·社会活动中断 ·社会文化变化

3.2.3　避灾移民的潜在风险与发展机遇分析

避灾移民在安全保障、社会经济重建和潜在成本等方面具有诸多优势。但是，若移民规划不当，组织不力，则避灾移民不仅达不到脱贫的目标，还可能带来新的灾害、贫困及重建发展中的潜在风险。借鉴世界银行专家迈克尔·塞尼尔（Michael Cernea）提出的移民贫困风险与重建模型（Impoverishment Risks and Reconstruction Model，IRR）（迈克尔·M. 塞尼，1998），避灾移民将涉及风险、贫困和重建，将带给移民群众的风险有失去土地、失业、失去家园、边缘化、食物无保障、发病率和死亡率增加、失去享有公共资源权益和社会组织结构解体，体现了 IRR 模型概括的八个主要变量。一个不良后果的预测可以当作一个“自毁预测”，换言之，风险预测模型价值不仅在于它所预测的灾难果真降临了，而且在于人们采取了预防措施，使风险没有发生或危害降到最低。因此，从风险模型构造反风险模型，以逆向思维使用 IRR 模型，寻求保护、重建与发展方法将是一种途径。

由于避灾移民是一个多维系统，其潜在风险具有多维性，涉及社会、经济、政策法规、人居生态环境、心理适应与舆情等多类多重风险因素。但是，如果避灾移民的规划与实施落实到位，政策制度、资金管理和组织保障得力，基础设施与公共服务充足，将会获得恢复人类居住区和自然环境属性之间平衡的机会，抵御灾害风险，减轻贫困，在社会、经济、政策法规、人居生态环境、心理适应与舆情等领域获得新的发展机遇，可谓风险与机遇并存，对比分析如表 3.2 所示。

从构造反风险模型的思路出发，寻找避灾移民发展机遇，抓住最基本的经济要素，即土地与就业，以及房屋、社区和服务设施等。

从失地到以土安置，从失业到就业，农村移民安置的基本任务之一是要使移民再次有土耕作，获得收入以维持生存，通过移民安置与重建，寻求发展机遇。要开发和改良荒芜土地，种植经济作物，实行农业集约化，开展农业和非农业的多种经营，发展第二产业和第三产业，改善生产条件，提高生产技能，增加就业机会，提高收入。

从失去风险家园到重建安全家园，避灾移民无疑是改善移民生活条件的良好机遇。在灾害风险地，人的生命、财产遭受巨大威胁，人口迁移意味着住所将丧失。然而，因住所丧失而导致的贫困是可以通过移民安置中正确评估房屋重建成本、合理的补偿、政策保障、基础设施改善，加之移民自身的努力，投入一定的人力、财力而得到有效制止。实际上，在中外范围内，移民后期评价普遍显示出生产、生活水平比过去有所改善。

表 3.2　避灾移民的潜在风险与发展机遇

类别	潜在风险	发展机遇
社会风险	· 公共设施缺失 · 公共服务缺失 · 社会网络缺失	· 道路、通信等基础设施改善 · 医疗条件改善 · 教育条件改善和质量提高 · 社会网络建立
经济风险	· 预期收入下降 · 预期支出增加 · 经济网络缺失，可再生资源减少 · 土地资源（耕地、林地等）减少且质量下降 · 就业人口比率与就业质量下降 · 多种原因造成的次生贫困	· 可利用市场条件改善 · 就业机会增加和收入增加 · 生产条件改善，机械化程度高 · 预期收入提高 · 土地资源质量高 · 生产与生活技能增强
政策法规风险	· 政策的公平、公正 · 移民对政策的认可度 · 移民规划的可执行度 · 移民政策的连续性	· 政策保障 · 组织保障 · 可持续发展机制
人居生态环境风险	· 移民住房分配公正性 · 移民对土地及生产资料满意率 · 土地资源开发导致水土流失和环境污染 · 传统文化资源丢失 · 房屋道路建设开挖导致滑坡等地质灾害增加	· 居住条件改善和住房面积增加 · 环境污染得以治理 · 居民环境保护意识提高 · 保护传统建筑和地方特色 · 消除或降低地质灾害风险
心理适应与舆情风险	· 移民心理压力大 · 移民在迁入地的融合度问题 · 干群关系的融洽度问题 · 舆情监管能力问题 · 突发事件的应急能力	· 移民心理疏导 · 基层组织保障 · 舆情监管

从社会解体到社区重建，从边缘化到融入社会。移民搬迁使原有社区解体，社会网络中断，移民社会文化环境改变，移民心理压力增加。但是，如果移民规划完善，给予移民创造生产、生活基本条件的同时，建设和改善道路、通信等基础设施，改善医疗条件与服务功能，改善教育条件和教育质量，改善居住环境和整治环境污染，建设新的社会网络和文化氛围，进行移民心理疏导和舆情监管，移民在新社区将会较快地适应环境，融入社会。

事实上，移民安置、经济活动和社会网络重建、自然环境与居住环境的构建是一个对民众和政府有直接或间接影响的复杂过程。一次移民安置过程可能成为全面提高人们生活质量的机遇，甚至超出灾害风险降低的直接目标，但如果没有合理规划，或没有纳入全面风险管理体系中，也可能导致管理失效和失败，给更多的家庭及政府带来风险或危害。本书将在第 5 章针对避灾移民迁移风险进行着重分析。

避灾移民是一个风险与机遇并存的集合体，也是机遇与挑战的并存体，同时，避灾移民任务艰巨，任重道远。

3.2.4　避灾移民的目标分析

国内移民研究专家施国庆和众多学者（郑瑞强、朱杰、何得桂等）指出，避灾移民是一项防灾减灾、造福移民、发展经济、保护环境、促进人与自然和谐发展、人与社会和谐发展的一种长效机制，是国家实现从因灾移民观念和策略向因险移民观念和策略的跨越。并认为，安置的最终目标是帮助人们重建生活，将家庭社区融入到新的安置栖息地，确保经济、社会和文化条件符合他们的生活标准和正常发展的恢复要求。

世界银行在其移民指南中指出，移民安置的最终目标是帮助人们重建生活，这不仅包括房屋的重建，同时也包括收入来源、经济活动、社会关系、使用公共服务及社会与文化的重建，移民安置需特别注意要有利于一部分最贫困移民的需求，至少要恢复移民原有生活水平，要给移民创造生产条件，要提供必要的所需土地和设施，要考虑移民创建新家和获得就业机会的能力。移民安置目标应该促进区域经济发展，移民的社会学分析对实现经济目标至关重要，定居者的社会和文化根源对移民的影响同样重要，尽量安置在文化和风俗习惯相同或相近地区，以确保移民与原居住地居民和平共处，减少利益冲突。

分析可见，从国内外的相关表述来看，避灾移民目标具有一致性。综合国内外现有研究成果，本书将避灾移民的目标概括为以下几个方面。

1. 保护生命和财产安全

通过对灾害风险认知、辨识，进行科学决策，在灾害风险管理理论指导下，以政府为主导、移民为主体，汇集社会力量多方参与，从因灾移民向因险移民转变，规避灾害风险，保护人民的生命和财产安全。

2. 实现移民安稳致富

将移民搬迁活动作为一次发展机遇，使移民群体摆脱贫困，生产、生活水平得到恢复和提高，增强生存与就业能力，同时减轻继续生活在原地的人口和移地人口社会经济的负面影响。在充分了解移民意愿和利益诉求的基础上，设计合理、灵活的移民安置方式，重视新址选择，科学制定移民安置规划，采取有效的政策和措施规避移民迁移风险，实现移民生产生活平稳恢复和可持续发展。

3. 促进区域社会经济可持续发展

通过避灾移民规划、政策与管理等综合系统的有效运转，实现区域社会经济重建，改善生态环境，合理规划土地使用和产业布局，促进区域全面可持续发展。

4. 对原灾害风险地管控与规划

对灾害风险区（移民搬出后的原址）进行控制，结合生态建设重新规划，对破坏自然环境和加重自然灾害的人类活动进行控制。

综上所述，滑坡地质灾害避灾移民是在避灾移民整体概念之下，针对具体灾种，即滑坡地质灾害所实施的避险迁移。在滑坡灾害未发生前，对居住在滑坡灾害风险高发区所有或部分居民实施重新安置，以防止其他降低风险措施（如工程治理与防护等）与重建活动失效而付出巨大的生命与财产代价。

3.3　滑坡地质灾害避灾移民实施策略的选择

灾害风险评估与灾害风险处置是灾害风险管理的主要任务，在风险处置应对策略中，避灾移民则是一种规避灾害风险的“挖根性”策略，是一种防灾减灾的长效机制。

3.3.1　灾害风险处置一般流程

根据国际风险管理理事会提出的风险管理流程及相关文献，本书归纳出的灾害风险处置一般流程如图 3.1 所示。

灾害风险处置是灾害风险管理体系决策和执行过程，是修正风险的流程，是通过选择和实现一项或多项备选方案来修正风险的过程。

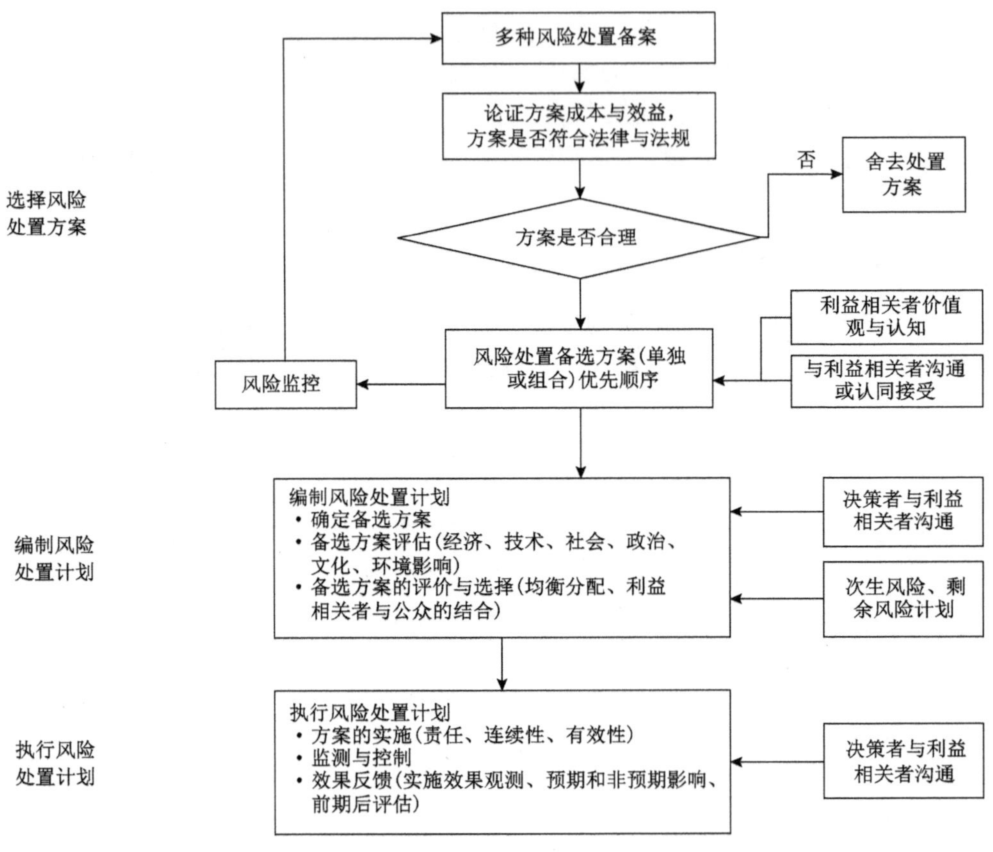

图 3.1　灾害风险处置一般流程

3.3.2　滑坡地质灾害风险处置策略模型构建

从管理学角度看，风险管理的过程就是风险决策的过程，而风险评估是风险决策的依据。应对风险的方法有多种，如规避风险、预防风险、分担风险和转移风险等，本书针对滑坡地质灾害提出了一种基于风险可接受水平的风险处置策略模型如图 3.2 所示。

该模型体现了对灾害风险实施有效的控制，将风险降至最低的管理思想。依据滑坡灾害风险评估的可接受水平，对照风险管理基本原则，本文提出了风险处置策略，进而解决了移与不移及先移与后移等问题，具体分析如下。

1. 滑坡地质灾害风险监控策略

从灾害风险管理的角度探讨，对于可接受风险，认为风险暂时可以接受，但

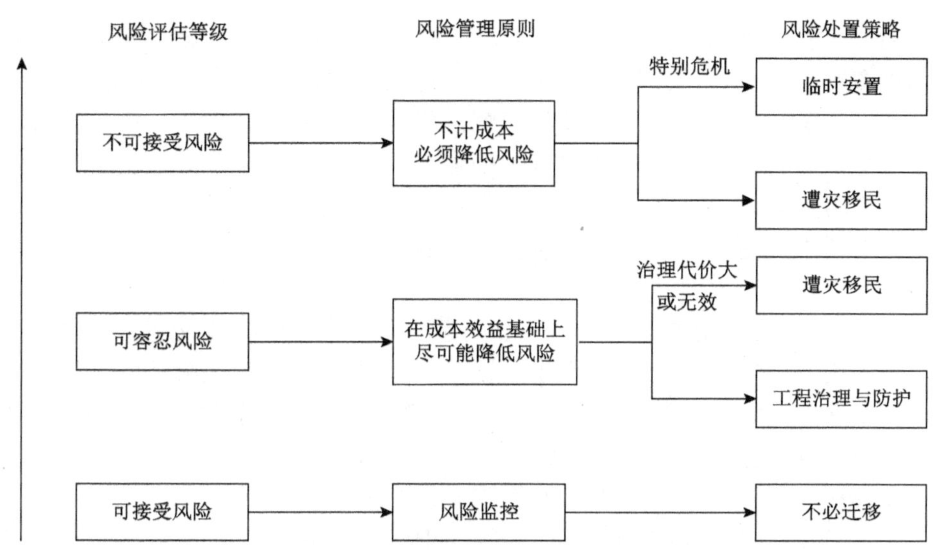

图 3.2　基于风险可接受水平的风险处置策略模型

需要定期监测以确保灾害风险的稳定及不产生恶化。

由于滑坡是区域性现象，其空间分布机理（如岩崩、泥石流、滑坡、蔓延等）各不相同，该机理决定了滑坡的速度、路径、距离和体积。有些滑坡是突发的、高速的过程，也有些是迟缓的、缓慢的过程。因此，暴露于滑坡风险中的人和建筑要素非常脆弱。在对滑坡风险的评估中，若滑坡风险确定为可接受风险等级，意味着暂时可接受该风险，不需要立刻处置。但是，由于滑坡灾害风险具有动态变化的特征，尽管风险具有可接受性，但也绝不能掉以轻心，必须实施风险监控策略，建立定期进行滑坡风险监测与评价机制，将专业监测与群测群防相结合，对滑坡灾害进行动态危险性分析、危害性分析和风险评价，在此基础上，开展预测、预警工作，并制定应急预案。

目前，我国在滑坡等地质灾害风险预测、预警研究方面已经取得了长足的进展，主要特点是，在详细分析滑坡等地质灾害地理及环境特征的基础上，运用空间预测模型得出灾害风险预测结果，并通过 GIS 及网络技术将预警信息向政府部门和公众发布。但是现存系统还存在不足（殷坤龙等，2007）：滑坡等地质灾害信息主要基于空间信息和气象信息，预测精度不够高；灾害预测、预警单一，缺乏与综合灾害风险管理的结合；除降雨外的其他诱因（如地震等）、人类工程活动等因素致灾预警尚待研究。

国际上，滑坡灾害风险监控研究水平各国差别较大。澳大利亚、美国、日本等多个国家和地区在国家政策、法规法令、标准和技术指南等方面全面推开，积累了丰富的经验，在滑坡风险监控系统技术层面，已经开展了面向大众的区域性降雨型滑坡实时预测、预警，精度可以达到小时，其预警系统具有长期、完整的降雨资料、高密度的降雨遥测网络、高速的数据传输系统和高精度的灾害发育特征、灾害易发区和危险区评价研究。将滑坡灾害时空预测、预警及风险决策系统集成，具有空间和时间二维度预警功能，风险监控理念先进，技术水平较高，值得借鉴。

针对滑坡灾害风险，本书从制度建设和技术管理两个角度提出了风险监控策略。

（1）风险监控制度建设策略。以国家法律形式确定滑坡灾害防治战略，通过土地利用规划限制对滑坡区域的过度开发；编制我国滑坡风险评估与管理技术指南，建立滑坡风险管理领域的工程师注册资格制度；结合防灾减灾培训、滑坡风险意识教育、地质环境保护制度建设等措施，加强公众的滑坡灾害风险防范意识，使其积极参与到防灾、减灾和避灾行动之中。

（2）风险监控技术管理策略。建立全国重点范围滑坡编录数据库，实现数据资源共享与协同管理操作机制；建立先进的时空预测、预警与风险决策集成系统，即要着眼于地质灾害的主要控制因素（如地貌、地层、地层岩性和结构等）和诱发因素（如降雨、地震、人类工程活动等）方面开展工作，又要着眼于地质体稳定状态、诱发因素强度及其持续时间和观测精度等方面开展工作，为管理部门提升防灾、减灾能力，实现科学的综合灾害风险管理奠定坚实基础；建立专业监测与群测群防相结合的滑坡风险监控系统，重视建立县、乡（镇）、村三级政府组织的群测群防体系。

2. 滑坡地质灾害风险降低策略

从防灾减灾角度探讨，联合国国际减灾策略（United Nations International Strategy for Disaster Reduction，UNISDR）体系为了协助《2005-2015 年兵库行动框架（Hyogo Framework for Action，HFA》新建了全球灾害风险减轻平台。通过除联合国系统之外的各国政府、民间团体和相关部门参与，形成了一个世界性的灾害风险减轻政策平台。与此同时，不同国家和地区还制定了区域性、专题性及纲领性政策配合 HFA 的执行（ISDR，2014），HFA 的最大挑战是减少潜在风险因素，包括土地使用计划、经济领域发展计划及灾后恢复和重建计划。其中减少潜在风险的六个优先要素具有启发性，一是降低灾害风险以环境政策与计划作为基本目标，因为其关系到自然资源管理，关系到土地使用及气候变化适应程度；二是制定社会发展政策与计划用于降低最易受到风险威胁民众的脆弱性，关注诸如食品、公共健康、风险分担机制、关键性公共基础设施的保护等；三是经济与生产部门制定政策和计划，用于减轻经济活动的脆弱性；四是风险降低计划应考虑灾害风险降低因素，包括建筑准则的执行；五是将灾害风险减轻措施纳入灾后恢复过程之中；六是制定一系列程序来评估主要发展型项目（尤其是基础设施）的灾害风险影响（World Disaster Report，2008）。

风险管理的主要任务是制订和评估备选方案，尤其是风险降低方案，实施选定的方案并检测其效率。在风险管理的过程中建立各方的信任是关键，开展有效的沟通是灾害风险管理成功的必要条件。

上述理论与相关分析，对于本书研究滑坡灾害风险降低策略具有很好的启发性和指导性。结合国内外相关研究及滑坡风险特征，针对滑坡灾害风险降低策略，本书提出的降低风险的政策对策、控制对策和金融对策包括以下几个方面。

（1）降低风险的政策对策。应将灾害风险管理（尤其是风险评估）纳入国家或地方发展规划和消除贫困计划之中，将减轻灾害风险和承灾体脆弱性的措施纳入国家和地方公共投资规划、社会保障、基础设施发展规划之中，以降低风险，增强抗灾的弹性。将风险管理的方法纳入土地使用规划、区域空间规划、灾后重建规划中，优化可用资源，将未来遭受灾害侵袭的风险降至最低。

（2）降低风险的控制对策。增强应对滑坡灾害风险的应急响应能力，确保对突发事件有效快速响应，包括早期预测、预警、相应训练和对灾区人口的临时疏散及避难安置；采取干预措施以降低风险或脆弱性因素，包括滑坡工程治理、风险减缓工程、结构加固、住房改造和减少公共基础设施的脆弱性等技术措施；当滑坡灾害风险可容忍，但工程治理的意义不大或成本过高，而社会资源能够满足移民迁建需求的情况时，其干预措施可以考虑实施避灾移民。

（3）降低风险的融资对策。以经济手段对灾害风险事件造成的损失给予补偿的方法，包括风险转移（包括保险、转保、灾害债券、合同等形式）和风险自留（包括专项基金、备用信贷、现收现付、税收等形式），其目的是为了提高防灾、减灾、救灾和灾后恢复重建的财政应对能力，通过政府财税政策力求减轻灾害带来的经济影响。

3. 滑坡地质灾害避灾移民策略

避灾移民是降低风险的措施之一，应纳入灾害风险管理的范畴。基于利益相关者理论，避灾移民安置工作不仅仅对迁移人口产生影响，同时还会对继续在原址生活的人口和迁入地人口及土地产生影响（张亚莉，2011）。迁移人口、继续在原址生活的人口和迁入地人口等都是避灾移民利益相关者的个体（或群体），利益相关者类别有差异，有自愿型利益相关者，也有非自愿型利益相关者，三类个体（或群体）由于迁移安置可能存在潜在负面影响或利益冲突，分析如表 3.3 所示。

虽然避灾移民对利益相关者具有潜在的负面利益影响或冲突，但是，当避灾移民作为一种防灾减灾措施，以确保人们的生命、财产安全时，避灾移民又是最具有长远规避风险威胁的有效策略。与此同时，另一个目标应该是全面提高人口的生活质量，甚至超过了降低风险的目标本身，这个过程不仅要解决好由于迁移带给移民的潜在负面影响问题，也要解决好留在原住地人口和新居地人口受到的利益负面影响问题，以恢复和保持人类居住区和自然环境属性之间的平衡。

中国移民研究中心在《三峡库区生态屏障区人口转移政策与机制》研究报告中阐述：移民安置具有自愿性、补偿性、发展性、不可逆性和迁移特殊性。其自愿性特征表现为迁出的自愿性、选择补偿模式和安置方案的自愿性，目的是让居住在高风险地区的居民合理转移，以保护移民的生命和财产安全，促进移民安稳致富和生产、生活安全；其补偿性特征体现为迁出有形资产的补偿和无形资产的补偿，与工程移民不同，避灾移民补偿投入主体是政府，迁移人口是否能有效、有序转移，本质上取决于激励机制所提供的保障机制；其发展性体现为通过人口的有序转移，在各种保障机制的带动下，推进家庭生产、生活的改善；其不可逆性体现为灾害风险区域人口有序转移，促进灾害区减载，通过保障措施使搬迁人口不再返回原来的危险居住地；其迁移特殊性体现为导致迁移的原因是为躲避灾害而实施的预防性移民。

表 3.3　避灾移民对于利益相关者个体（或群体）的影响或冲突分析

利益相关者	利益相关类型	利益影响或冲突
迁移人口	自愿型或非自愿型	· 失去原有土地 · 失去家园 · 收入的损失 · 经济网络的损失（如商业、信用等） · 使用公共服务的损失（如水、电、医疗、交通、通信等） · 使用社会服务的损失（如健康、教育、娱乐等） · 社会网络的损失（如家庭、社区等） · 健康状况的影响（如发病率与死亡率增加等） · 区域资产损失（如公用设施等）
继续在原址生活的人口	非自愿型	· 收入的损失（如客户、租户等） · 经济网络的损失（如商业、信用等） · 使用低质量的公共服务（如水、电、医疗、交通、通信等） · 使用低质量的社会服务（如健康、教育、娱乐等） · 社会网络的损失（如家庭、社区等）
迁入地的人口	非自愿型	· 工作与资源更激烈的竞争 · 使用低质量的公共服务（如水、电、医疗、交通、通信等） · 使用低质量的社会服务（如健康、教育、娱乐等） · 健康状况的影响（如发病率与死亡率的增加等） · 出现争议

3.3.3 滑坡地质灾害避灾移民的实施策略

本书根据现有研究，结合图 3.2，提出了以下避灾移民实施策略选择建议。

1. 对于风险评估确定的不可接受风险，预防为先，实施避灾移民，最大限度地保护民众生命、财产安全，实现社会经济重建与可持续发展

风险管理理论认为，对于不可接受风险，其风险处置策略应不计成本，必须降低风险。对于高强度的滑坡地质灾害，风险区域的人口、建筑及基础设施的物理脆弱性很强，通过其他措施实施风险降低难以控制或缓解风险无效，则避灾移民是一种规避风险的有效途径，是根治灾害风险威胁最有效的措施之一。

由于滑坡所处空间分布、发育特征、诱导因素等各有不同，具有突发性或缓慢性双重特点，有些滑坡现象可以通过技术手段来控制和缓解，如工程治理、建筑加固、实施分水线开垦计划等。但是，对于通过各种控制都不可行的滑坡区域，就必须通过重新安置暴露人口和基础设施以减少高风险性，即实施避灾移民策略。

表面上看，避灾移民工程复杂并投资巨大，依赖土地资源，且具有潜在风险。正如本书分析的，避灾移民具有社会风险、经济风险、政策法规风险、人居生态环境风险、心理适应与舆情风险等多重风险。但是，从长远看，避灾移民规避灾害风险威胁最彻底，同时可以带给移民或区域新的发展机遇。它既具有保护生命、财产安全的直接优势，又具有实现社会经济重建与可持续发展的间接优势。

2. 对于风险评估确定的可容忍风险，成本效益为先，选择性实施避灾移民，形成防灾减灾长效机制

风险管理理论认为，对于可容忍风险的处置决策应是在成本效益基础上尽可能实施风险降低策略。对于采取风险降低技术措施或管理措施都无法控制和减轻的滑坡灾害风险，对于采取工程治理等一系列措施，其成本高于移民搬迁成本的，在土地资源及人口迁移条件具备的情况下，实施避灾移民是一种良策，是一种成本效益优化的有效措施。

3. 避灾移民作为有效的降低风险措施，如果选择，与风险区域的民众达成共识为先，然后作出决策

风险管理过程不是线性的，而是一个复杂的非线性系统，移民本身也是当今的世界难题。因此，必须重视避灾移民，从决策、规划、制定政策到组织实施等全过程与移民及利益相关者进行沟通，并达成一致。通过沟通与协商、根据监控与检查结果做出的决策以及过程中的不断修正，建立多渠道的信息沟通、申述与问责机制，增强各方互信，协商决策，为规划的设计与实施提供组织与管理保障。

4. 避灾移民是一种减轻由国家结构性问题所产生的现有风险状况的纠偏性措施，其成效具有多重依赖性，需要作为体系加以深入研究

风险管理中，避灾移民可以被视为激进纠偏管理模式，它是在风险已经被识别的前提下，将减少存在的风险因素与更有利于发展的目标行动有机结合，包括确保安全和减少贫困等。因此，其是一项复杂的系统工程，其效果依赖现行风险管理政策和措施；依赖由其他物理风险降低措施的补充；依赖可调控的土地利用和相关政策；依赖政府协调和资源筹集等。在执行避灾移民计划的过程中，应急响应措施应该得到实施。除此以外，开展避灾移民准备、安置与补偿计划、移民风险评估、制定政策和实施规划等各个阶段工作，对改造过的风险区域投入使用和进行控制，对不适于居住的地区进行控制，对破坏自然环境和加重自然灾害的人类活动进行控制等都是避灾移民管理体系不可缺少的组成部分。因此，有必要对避灾移民进行综合研究。

3.4　案例分析：三峡库区滑坡地质灾害风险评估与避灾移民决策

三峡库区蓄水后，水位大幅度和周期性涨落，库区滑坡、崩塌与库岸的稳定条件将发生改变，发生地质灾害的风险加剧。加之库区人口稠密，垦殖度高，生态环境脆弱，为了避免滑坡等地质灾害对民众生命财产、安全造成威胁，国家制定了应对三峡工程后期地质灾害防治工作规划，对受不稳定滑坡、崩塌和危岩等威胁的区域实施风险评估；按照滑坡风险等级采取应对处置策略，对高危区域的居民分期实施避险搬迁。该工程规划实施的起始年为 2010 年，水平年为 2015 年，远期年为 2020 年。

三峡库区避灾移民工程划定的滑坡灾害评估范围为（何得桂和鄢闻，2014）：三峡水库土地征用线以上至第一层山脊以下的农村区域，其起点断面线以三峡大坝轴线延伸至两岸第一道山脊线，下边界由库区长江干支流各断面土地征用线高程确定，上边界以临江第一道山脊线划定，其中湖北占 16.21%，重庆占 83.79%。湖北省秭归、夷陵、巴东等 4 个区县和重庆市巫山、奉节等 18 个区县总计 22 个区县如图 3.3 所示共涉及滑坡、崩塌等灾害 1302 处，其中湖北 260 处，重庆 1042 处，涉及总人口 91 028 人。

本书研究的滑坡风险评估以位于湖北的秭归县为例。秭归县是位于三峡工程坝上库首的第一县，县域距三峡工程大坝 2km，也是三峡移民门类齐全且具有先导性的县域，基本承担了所有移民政策的试验功能，最具代表性。

图 3.3　三峡库区避灾移民范围区域

3.4.1　风险评估案例实证

本书以定性分析为主，研究案例选择秭归县 3 处典型滑坡，即 TDH 滑坡、GYG 滑坡和 MJG 滑坡。TDH 滑坡距三峡大坝 36km，该滑坡长度为 400m，宽度为 160m，厚度为 20m，体积为 $130×10^4m^3$，为土质滑坡；GYG 滑坡距三峡大坝约 43km，该滑坡长度为 400m，宽度为 280m，厚度为 11m，体积为 $123×10^4m^3$，为混合式土质滑坡；MJG 滑坡距三峡大坝 33km，该滑坡长度为 538m，宽度为 185m，厚度为 13m，体积为 $131×10^4m^3$，为基岩滑坡。

1. 滑坡灾害的危险性分析

根据本书滑坡灾害危险性分析方法，以三峡库区秭归县 3 处（TDH 滑坡、GYG 滑坡和 MJG 滑坡）涉水滑坡为例，验证其危险性分析模型及方法。所选滑坡危险性分析数据统计如表 3.4（宜昌长江地质灾害防治工程勘察设计院，2011；邓曦东和罗继康，2009）所示。

根据表 2.2 评分标准，通过专家对所选区域滑坡危险性逐项打分，取平均分，形成最终的滑坡危险性计算总分值，结果如表 3.5 所示。

3 处滑坡均涉水，滑坡体在库区水位上升到 175m 时，其滑坡可能被淹没的比例分别为：TDH 滑坡 80.0%可能被淹没（影响非常严重）、GYG 滑坡 21.6%可能被淹没、MJG 滑坡 27.5%可能被淹没。

对所选滑坡体危险性进行评定，确定危险性等级：TDH 滑坡、GYG 滑坡和 MJG 滑坡分别为 80 分、72 分和 62 分。对比滑坡灾害危险性评价等级判定标准，确定危险性等级，并对风险可能性等级 R 进行专家赋值，统计结果如表 3.6 所示。危险性总分大于等于 75 分，为极高风险；在[50，75）之间为高风险，由此确定所选滑坡处危险性等级为：TDH 滑坡是极高风险等级，GYG 滑坡和 MJG 滑坡是高风险等级。

表 3.4　秭归县样本滑坡危险性分析数据统计（单体滑坡）

滑坡名称	TDH 滑坡	GYG 滑坡	MJG 滑坡
坡度/（°）	30	24	16
坡高/m	30	20	17
坡向/（°）	300	330	290
前缘高程/m	115	135	135
后缘高程/m	190	320	280
坡岸结构	顺向	顺向	平缓
滑坡规模/（$\times10^4m^3$）	130	123	131
坡面形态	凹状阶梯	凸状	凹状
现状稳定性	不稳定	不稳定	较稳定
人类工程活动	强烈	强烈	强烈
年均降水量/mm	1439.2	1202.5	1066.9
水位降落比	0.5	0.9	0.7
滑坡可能被淹比例/%	80.0	21.6	27.5

表 3.5　秭归县样本滑坡危险性评分

滑坡名称	TDH 滑坡	GYG 滑坡	MJG 滑坡
坡度	10	8	2
坡高	8	6	2
坡向	2	2	2
坡岸结构	10	10	8
滑坡规模	6	6	6
坡面形态	4	8	2
现状稳定性	10	10	6
人类工程活动	10	10	10
年均降水量	0	0	4
水位降落比	10	2	10
滑坡可能被淹比例	10	10	10
危险性总分	80	72	62

表 3.6　秭归县样本滑坡危险性等级及赋值结果

滑坡名称	TDH 滑坡	GYG 滑坡	MJG 滑坡
危险性总分	80>75	72>50	62>50
危险性等级	极高风险	高风险	高风险
严重程度	几乎确定	很可能	很可能
风险危险性等级值（R）	4.4	3.4	3.2

2. 滑坡灾害的危害性分析

根据本书滑坡灾害危害性定性分析方法，对三峡库区秭归县 3 处滑坡进行危害性分析。考虑到三峡库区避灾移民项目的实际要求，本书从人口、经济和主要基础设施方面影响因素进行危害性实证分析。统计危害性分析数据，主要包括受威胁的人口、居民房屋或企业厂房面积、农田面积、道路、电力等基础设施和工程投资等，列出统计数据如表 3.7（邓曦东和罗继康，2009）所示。

对承灾体易损性测算：人的易损性设为 1，房屋或厂房易损性设为 1，耕地易损性设为 0.8，公路易损性设为 0.8。财产承灾体单价应以实际情况确定，本书测算参考《三峡库区地质灾害防治滑坡、崩塌和危岩体防治（避险搬迁）规划报告》数据和在当地咨询综合因素确定，财产承灾体单价估算：集镇住房为 800 元/m^2，县城住房为 1200 元/m^2，区级市区住房为 1500 元/m^2，市区住房为 2000 元/m^2；耕地为 10 000 元/亩；公路为 50 万/km。（实际测算需要细化，房屋有私人、集体厂房之分；房屋有框架、砖混、砖木、土木等之分；耕地及公路均有分类）。

表 3.7　秭归县样本滑坡危害性分析

滑坡名称	类别	受威胁人口数	房屋或厂房建筑面积	耕地	公路
TDH	数据信息	200	4050m^2	113 亩	0.3km
	易损性	1	1	0.8	0.8
	危害结果	200	577.6 万元		
GYG	数据信息	75	4700m^2	160 亩	0.8km
	易损性	1	1	0.8	0.8
	危害结果	75	724 万元		
MJG	数据信息	132	4680m^2	132 亩	0.5km
	易损性	1	1	0.8	0.8
	危害结果	132	687.2 万元		

利用所选滑坡危害性分析统计数据与滑坡危害性人口损害参数评价标准、滑坡风险财产损失危害性等级标准对比，得出人口损害程度等级和财产损害程度等级评价标准，并通过专家打分获得人口损害值 P、财产损害值 V、总损害参数值 X，计算出总损害值 D，如式（3.1）所示，其统计结果如表 3.8 所示。

$$D = \frac{\sum P + \sum V}{X} \tag{3.1}$$

3. 风险估算

表 3.8　秭归县样本滑坡风险估算分析

滑坡名称	TDH	GYG	MJG
受威胁人口数/万	200	75	132
人口损害等级	重大	较大	重大
人口损害值（P）	3.1	2.7	3.0
财产损失总额/万	577.6	724	687.2
财产损失等级	大	大	大
财产损害值（V）	3.5	3.7	3.6
总损害值（D）	3.3	3.2	3.3

根据上述滑坡灾害危险性和危害性分析，确定风险可能性等级 R 值、总损害 D 值，依据式（2.2）估算滑坡灾害风险值 V，估算结果如表 3.9 所示。

表 3.9　秭归县样本滑坡风险值

滑坡名称	风险可能性等级（R）	总损害值（D）	风险值（V）
TDH	4.4	3.3	5.50
GYG	3.4	3.2	4.67
MJG	3.2	3.3	4.60

4. 风险矩阵图谱及风险等级

本书采用风险矩阵模型对 3 处涉水滑坡进行风险评价，绘制风险矩阵图谱，确定风险等级；依据风险估算值 V，进行风险排序；通过与风险允许标准对比，确定风险的可接受性（CN-GB，2009）。基于灾害风险的危险性 R 值和风险危害

性 D 值，绘制风险矩阵图谱如图 3.4 所示，可见：TDH 滑坡进入极高风险区域，风险等级为极高；GYG 滑坡和 MJG 滑坡进入高风险区域，风险等级为高。

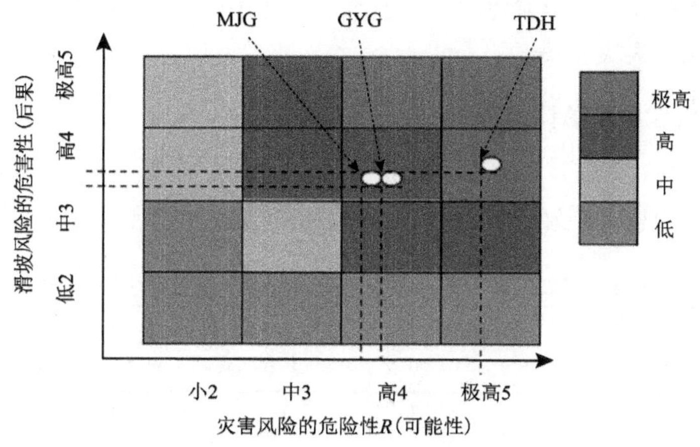

图 3.4 秭归县样本滑坡风险矩阵图谱

5. 风险排序与风险可接受水平

按照估算风险值排序，3 处滑坡体中 TDH 滑坡风险最高。根据风险允许标准比较，V 大于 4，为不可接受风险；V 大于 2 且小于 4 为可容忍风险；V 小于 2 为可接受风险。评价结果如表 3.10 所示。

表 3.10 秭归县样本滑坡体风险排序及风险可接受等级

滑坡名称	V	风险排序	风险等级	可接受性
TDH	5.50	1	极高风险	不可接受
GYG	4.67	2	高风险	不可接受
MJG	4.60	3	高风险	不可接受

3.4.2 避灾移民决策

2001 年国务院批准了国土资源部编制的《三峡库区地质灾害防治总体规划》，2001～2004 年，实施第二期、第三期地质灾害防治，对库区城镇规划区外的涉水不稳定地质灾害采取搬迁避让的风险管理对策，满足了三峡工程 135m、156m 和 175m 蓄水要求。随着库区水位大幅度和周期性涨落，生态环境发生变化，甚至许多地质灾害体和土质岸坡稳定性严重下降，地质灾害多发，加之区域人口密集，居住环境差，国家高度重视三峡库区地质灾害防治，为了进一步保障库区人民群众生命、财产安全，保护生态环境，提高库区民众的生产、生活水平，批准实施了《三峡工程后续工作规划三峡库区地质灾害（滑坡、崩塌、危岩和塌岸）防治规划（2010—2020年）》其任务是通过调查三峡库区内滑坡、崩塌和危岩体分布，并进行稳定性分析，确定避灾移民项目数，从2010年起用10年时间对高危区域的居民分期实施避灾移民。

1. 县域滑坡风险总体情况

根据调查统计，纳入三峡工程后期地质灾害防治工作规划的滑坡风险共1302处，对19个区县所涉及的滑坡危险性评价等级统计如表3.11所示。

表3.11　三峡工程后期地质灾害防治滑坡危险性评价等级情况

省（直辖市）	区县	滑坡数量/处	滑坡面积/（$\times10^4m^2$）	滑坡体积/（$\times10^4m^3$）	现状滑坡危险性等级数					预测滑坡危险性等级数				
					A	B	C	D	E	A	B	C	D	E
湖北省	H1	4	23	30	0	2	2	0	0	0	0	3	1	0
	H2	130	1 437	25 982	0	73	35	9	13	0	0	101	29	0
	H3	30	221	3 530	1	22	5	1	1	0	0	24	6	0
	H4	96	1 203	16 723	0	56	14	6	20	0	0	61	35	0
重庆市	C1	125	1 482	29 596	0	6	119	0	0	0	0	6	119	0
	C2	10	28	336	0	0	10	0	0	0	0	0	10	0
	C3	109	2 019	43 764	2	24	76	7	0	0	0	67	42	0
	C4	136	1 210	13 263	0	66	70	0	0	0	0	64	72	0
	C5	115	867	7 285	0	25	81	6	3	0	0	24	90	1
	C6	75	515	4 246	0	12	63	0	0	0	0	12	63	0
	C7	145	754	4 241	0	22	120	3	0	0	0	22	123	0
	C8	5	30	255	0	1	4	0	0	0	0	1	4	0
	C9	110	646	5 430	0	20	88	2	0	0	0	20	90	0
	C10	24	157	1 350	0	7	17	0	0	0	0	7	17	0
	C11	129	394	2 743	0	23	106	0	0	0	0	27	102	0
	C12	37	164	846	0	5	31	1	0	0	0	6	31	0
	C13	2	1	9	0	0	2	0	0	0	0	0	2	0
	C14	9	49	355	0	0	9	0	0	0	0	0	9	0
	C15	11	31	109	0	4	7	0	0	0	0	4	7	0
合计		1 302	11 231	160 093	3	368	859	35	37	0	0	449	852	1

对各县域滑坡进行滑坡稳定性评价，确定危险性等级分五级，用A、B、C、D、E表示，其含义为A危险极小、B危险小、C危险中等、D危险大、E危险极大。

由表 3.11 分析可见，1302 处滑坡中，其中湖北 260 处，占 19.97%，重庆 1042 处，占 80.03%。滑坡累计面积达 11 231 万 m^2，其中湖北 2884 万 m^2，占 25.68%，重庆 8347 万 m^2，74.32%。滑坡累计体积达 160 093 万 m^3，湖北 46 265 万 m^3，占 28.90%，重庆 113 828 万 m^3，占 71.10%。

经过滑坡稳定性分析，确定了现状滑坡危险性等级和预测滑坡危险性等级，结果表明，1302 处滑坡中其现状滑坡危险性等级为 C 级（危险性中等）的比例居高，占 65.98%，如图 3.5 所示；预测滑坡危险性等级为 D 级（危险性高）的比例居高，占 65.44%，如图 3.6 所示。

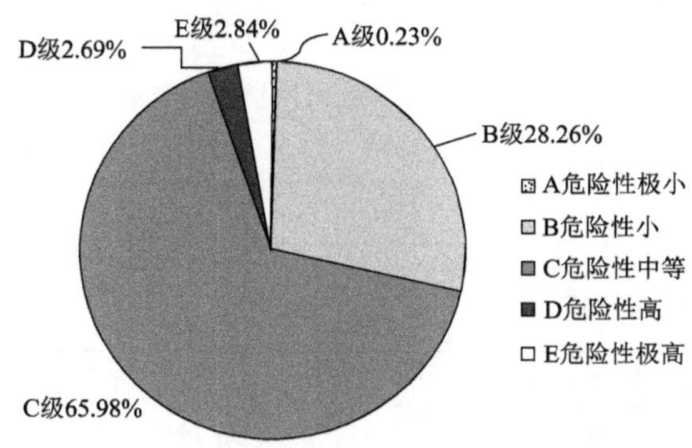

图 3.5 1302 处滑坡现状危险性等级比例

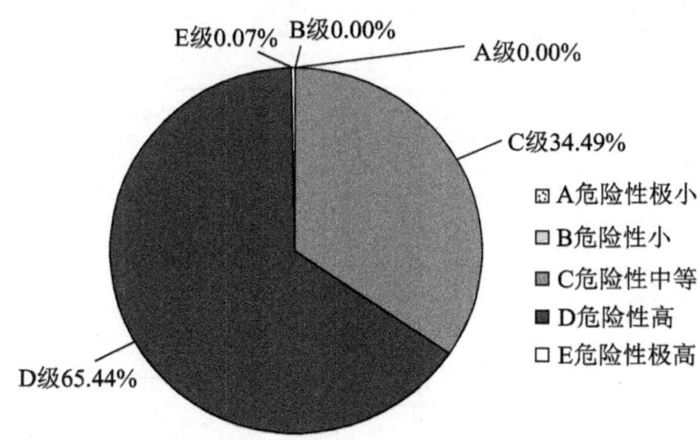

图 3.6 1302 处滑坡预测危险性等级比例

根据调查统计，纳入三峡工程后期地质灾害防治工作规划之中的 1302 处滑坡，各区县受到风险威胁的承灾体（人口、房屋面积、土地面积和经济损失）数据、涉水情况等统计如表 3.12 所示。

1302 处滑坡风险区域受威胁的总人口达 91 028 人，其中湖北 17 785 人，占 19.54%；重庆 73 243 人，占 80.46%。涉水 586 处总人口为 35 822 人，占总数 39.35%，其中湖北涉水 9 783 人（受威胁人口 55.01%涉水）；重庆涉水 26 039 人（受威胁人口 35.55%涉水）。在 20 个区县中，受威胁人口超过 10 000 人的区县有 2 个，占 10.00%；受威胁人口超过 1000 人的有 13 个区县，占 65.00%。可见，按区县风险评价，人口损害属于特大危害性等级的比例很高。仅对房屋、土地承灾体损害分析估计，湖北 260 处滑坡区域，受威胁的房屋约 2 255 255m^2，土地 67 190.08 亩，经济损失约 813 499.88 万元；重庆 1042 处滑坡区域，受威胁的房屋约 4 020 945.8m^2，土地 129 237.74 亩，经济损失约 766 330.13 万元。在 20 个区县中，经济损失超过 10 000 万元的区县有 11 个，占 55.00%。实际损失还应包括基础设施、社会和生态环境等方面的直接或间接经济损失，可见，按区县风险评价，财产损害均属于特大危害性等级的比例很高。

表 3.12　三峡工程后期地质灾害防治滑坡风险承灾体损害情况

省市	区县	滑坡数量/处	受威胁人数/人	涉水情况		承灾体易损性估计		
				涉水处/处	涉水人数/人	房屋/m^2	土地/亩	经济损失/万元
湖北省	H1	4	30	1	5	9 700	226	980.00
	H2	130	11 324	74	6 537	648 735	23 029	250 771.00
	H3	30	1 363	15	519	106 160	2 166	19 760.00
	H4	96	5 068	50	2 722	1 490 660	41 769.08	541 988.88
重庆市	C1	125	8 380	52	2 810	1 015 400	77 409.14	51 833.06
	C2	10	327	6	119	31 934	110.15	907.00
	C3	109	9 687	71	6 201	138 591	3 614.40	48 531.87
	C4	136	8 927	51	2 465	590 647	6 580.80	100 222.10
	C5	115	11 139	30	2 680	551 391	9 625	191 277.50
	C6	75	6 421	5	333	419 527.8	7 793.85	33 840.24
	C7	145	8 114	53	3 171	279 492	50	24 667.36
	C8	5	732	3	383	13 938	1 021	5 270.00
	C9	110	9 816	47	4 400	408 906	9 310.5	268 910.00
	C10	24	4 399	0	0	93 395	3 086	5 589.00
	C11	129	2 853	109	2 470	189 885	5 267.9	9 884.00
	C12	37	1 551	14	782	125 097	40	3 722.00
	C13	2	294	0	0	3 350	132	195.00
	C14	9	372	4	211	49 968	955	6 570.00
	C15	11	219	1	14	109 424	4 242	14 911.00
	C16	—	12	—	—	—	—	—
合计		1 302	9 1028	586	35 822	6 276 200.8	196 427.82	1 579 830.01

2. 县域滑坡风险分期避灾移民决策

通过对 1302 处滑坡的滑坡稳定性及受滑坡灾害风险威胁的居民和财产损失分析，结合其他综合影响因素，预防为主，对灾害风险威胁大、危险程度高的区域人口实施避险搬迁，同时加强城镇集中居民点的工程治理，综合采取监测预警措施，对需要工程治理的区域进行充分勘查论证和多方案比选，按经济合理原则确定治理方案，将保护群众人居安全与生态环境建设与保护、移民安稳致富有机结合，形成三峡工程后期地质灾害防治工作管理决策，这体现了因险移民的先进理念。

凡是现状与预期滑坡风险评价均稳定（风险极小）的区域，暂不搬迁；凡涉水与预测风险等级为高风险级别的区域，在近期（2010～2015 年）实施避险搬迁，其余区域在远期（2016～2020 年）实施避险搬迁。具体计划如表 3.13 所示。

表 3.13 三峡工程后期地质灾害防治滑坡风险处置计划

省市	区县	滑坡数量/处	受威胁人数/人	避灾移民风险处置计划	
				近期搬迁人口/人（2010～2015 年）	近期搬迁人口/人（2016～2020 年）
湖北省	H1	4	30	5	25
	H2	130	11 324	6 537	4 787
	H3	30	1 363	519	844
	H4	96	5 068	2 722	2 346
重庆市	C1	125	8 380	2 810	5 570
	C2	10	327	119	208
	C3	109	9 687	6 201	3 486
	C4	136	8 927	2 465	6 462
	C5	115	11 139	2 680	8 459
	C6	75	6 421	333	6 088
	C7	145	8 114	3 171	4 943
	C8	5	732	380	349
	C9	110	9 816	4 400	5 416
	C10	24	4 399	0	4 399
	C11	129	2 853	2 470	383
	C12	37	1 551	782	769
	C13	2	294	0	294
	C14	9	372	211	161
	C15	11	219	14	205
	C16	0	12	12	0
合计		1 302	91 028	35 831	55 194

由表 3.13 中数据可见，受威胁总人口为 91 028 人，计划近期（2010～2015 年）避险搬迁 35 831 人，占 39.6%；计划远期（2016～2020 年）避险搬迁 55 194 人，占 60.63%。近期避险搬迁超过 1000 人以上规模的区县有 9 个，占 45.00%；远期避险搬迁超过 1000 人以上规模的区县有 10 个，占 50.00%。这表明：2010～2020 年三峡工程后期地质灾害防治工作整体工程巨大，避灾移民任务艰巨，任重道远。

在三峡库区滑坡等地质灾害风险管理体系中，制定了避灾移民近期目标和远期目标。近期（2010～2015 年）目标的重点是妥善解决移民当前实际困难和影响稳定的积累性问题；改善移民生产、生活条件，促进移民就业增收；初步恢复移民迁建城镇服务业体系，生态产业园初具规模；通过职业教育与技能培训，增强移民自我发展能力；将移民全部纳入养老保险、医疗保险体系；解决移民饮水问题，完善迁建地公共基础设施建设。远期（2016～2020 年）目标的重点任务是促进移民和区域农村相关转移人口劳动力充分就业，提高收入水平；普遍提高移民受教育水平；促进农业劳动力向第二产业、第三产业和区外转移就业；生态产业园区健康运行，基本建成迁建城镇服务业体系，基础设施和公共服务满足移民需要，与全国人民同步实现全面小康。该风险管理体系突出了“以人为本”“惠及民生，保护环境”“持续发展”“区分缓急，分步实施”等原则，值得研究借鉴。

3.5　小结

本章基于国内外关于避灾移民现有的研究，通过对灾害移民、环境移民、生态移民和气候移民对比分析，深化了对避灾移民概念的理解。从灾害风险管理的视角，对避灾移民的概念进行了一定的拓展性研究，界定了避灾移民的定义、分类及其特征。避灾移民是灾害移民的范畴，更加强调预防性，也可以称为“预防性灾害移民”。

避灾移民具有保护生命、财产的直接优势，还具有实现社会经济重建的间接优势，也比灾后移民重建具有潜在成本优势，在其他风险降低措施失效或成本过高的情况下，实施避灾移民是一项有效的防灾减灾、促进社会经济重建与发展的长效机制。目标任务突出在四个方面：保护生命、财产安全；使移民摆脱贫困，平稳致富；促进区域社会经济重建与发展，实现可持续发展；对移民搬出地或灾害危险地使用和破坏生态环境的人类活动加以控制。

研究灾害风险评估的目的是为了科学地做出风险处置决策。基于此，本章在系统地研究了灾害风险评估方法后，提出了依据风险可接受水平等级采取的应对策略，概括为：对于可接受风险，实施风险监控策略，不必搬迁；对于可容忍风险，在成本效益基础上实施风险降低策略，若成本效益高于搬迁成本或风险治理无效，可考虑实施避灾移民；对于不可接受风险，不计成本，必须实施降低风险策略，从防灾减灾长效措施看，应实施避灾移民。本章还简要分析了风险监控和风险降低策略，重点探讨了避灾移民实施策略，并提出了避灾移民实施策略选择建议。

本章最后对三峡库区滑坡地质灾害风险评估进行了实证分析，验证了第 2 章的风险评估方法，同时分析了三峡库区依据滑坡地质灾害评估结论做出的分期避灾移民的实施决策。

第 4 章　滑坡地质灾害避灾移民迁移意愿及影响因素分析

人口转移的动力机制是人口学、经济学和社会学研究的重要课题，新迁移经济学派认为移民是理性选择（Bakke，1958；World Commission on Dams，2000），它把家庭而不是个人看作追求收益最大化的主体，以家庭为核心的价值判断因素影响作用最大，其次是成本——利益因素和非成本——收益因素。由于移民迁移意愿各异，移民家庭、资源、社会、经济条件等具有差异性，在迁移去向、安置模式、房屋重建、生产和生活恢复等方面需求不同，如果这些问题在移民安置过程中处理不好，将直接影响避灾移民的成效及其目标的实现（Alam，2007）。因此，本章着重分析人口迁移动力形成机理和迁移价值取向，运用推拉理论探寻人口迁移推动对策，分析滑坡地质灾害移民迁移意愿调查样本，掌握影响移民迁移意愿的重要因素，为避灾移民安置提供决策支持。

4.1　人口迁移意愿动力形成机理与价值取向

4.1.1　人口迁移意愿动力形成机理

事物的发展是一个过程，自然界、人类社会和思维领域中的一切现象都是作为一个过程向前发展的。发展的动力若是外部因素，只能改变事物的位置和形式，而不能直接影响事物的结构与属性，内部因素才是事物变化的充分必要条件。

根据人口迁移的推拉理论，人口迁移是由一系列“力”引起的，包括促使一个人离开原居住地的推力、吸引他到另一个居住地的拉力，以及迁移过程中存在的阻力。推力即迫使人们迁出的自然、经济和社会压力；拉力即吸引人们迁入的自然、经济和社会动力；阻力主要包括距离因素、物质因素和语言文化的差异等，以及移民本人对于以上这些因素的价值判断。人口迁移正是迁出地的推动因素、迁入地的拉动因素和中间存在的阻力因素共同作用的结果。

对于避灾移民来说，因为灾害威胁到人的生命、财产安全，这便构成了产生移民的客观条件和外部动因。人口迁出地潜在的自然灾害风险因素，以及不利的社会经济条件（如自然资源匮乏、居住环境差、就业机会少、收入低、社会保障水平低、文化生活匮乏等），形成了人口自主迁移的推力；迁入地因其自然环境安全，能使人的生产、生活水平获得改善，社会经济条件（如就业、养老保障、医疗保障、教育、农转非身份转换等）优良，形成了人口愿意向外迁移的拉力；政府为推动避险搬迁提供安置与补偿政策给予了人口迁移推动力。但是，在这一人口迁移的推拉合力下，还有一种中间障碍力不可忽视，我们将其称为“阻力”或“排斥力”，主要体现在：迁移人口对灾害风险的认知程度，决定其迁移意愿的选择；灾害风险区还有大批劳动力进城务工，游离在农村与城市之间，尚未实现真正意义上的人口迁移；移民安置中涉及的土地及其制度的束缚、城镇吸纳人口容量有限、城镇生活成本高、迁移人口就业竞争力弱、人口迁移缺乏理性引导、户籍制度障碍和社会保障水平低等众多问题。同时，在人口迁移内部因素动力上，迁移家庭人口的自身素质，适合新居住地生活的谋生技能等；人口迁移诉求的满足和移民权益保障程度等都是形成迁移阻力或排斥力的要因。根据此分析推理，构建如图 4.1 所示的避灾移民人口迁移意愿动力形成机理。

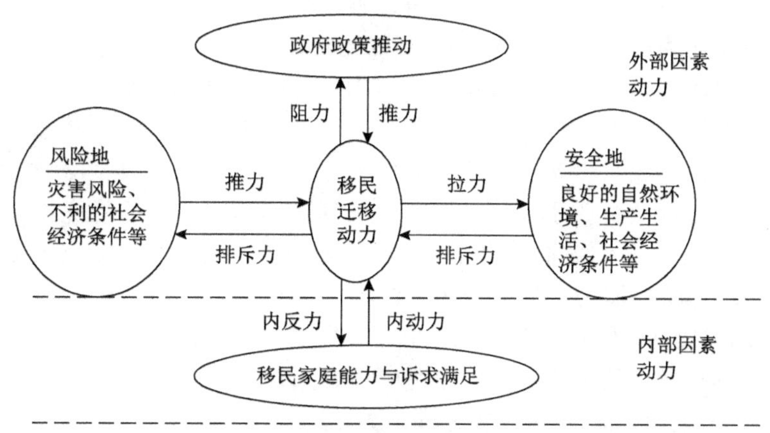

图 4.1　人口迁移意愿动力形成机理

当推拉合力大于阻力时，人口迁移会得到有效的落实。我们解决好阻力要素，使其转化为迁移动力，促使移民出于对生命、财产安全和未来家庭的发展的向往而产生强烈的迁移主观内在动力。

4.1.2　人口迁移意愿价值取向模型

国内外经济学家在对迁移者的理性选择和信息掌握度进行假设后，进行了定量研究，认为此类迁移决策行为是移民本身权衡迁移预期收益多少的合理性结果，主要受个体内在因素影响（盛济川等，2009），在托达罗、“投资—收益”等理论中均有阐述。据此构建迁移决策函数：$F=\max(W)=f(a, b)$，式中 E 为移民迁移预期收益（包括有形收益与无形收益），a 为移民内在因素，b 为外在不可定量的环境因素。通过计算，可以确定影响移民决策的主要内在因素。鉴于上述理论在迁移决策综合性研究中的不足，诸多学者认为，移民的迁移决策取决于其所处的外部环境因素和个人因素的综合作用（何得桂和党国英，2012）。

对于移民个体而言，为了规避生命和财产损失及风险，其不得不对迁移与否、去向和发展做出决定，这是移民做出迁移决策的主观动力，也是在迁出地和政府等客观推力和迁入地的拉力，以及过程中各类阻力等条件约束下的行为表现，同时也是在可选择的市场经济环境下为了追求自身收益目标最大化的表现（Gunawan and Yoshida，1999）。由于避灾移民的特殊性，除对迁出地、迁入地与政府的政策驱动等外在因素的感知和评价外，其内在自身因素对灾害风险全面认知的深度，渴求生产、生活得到改善的主观心理等都对移民迁移意愿起到了关键性的作用。

基于以上分析，本书结合推拉理论建立了人口迁移意愿价值取向模型（图 4.2）。将该框架纳入避灾移民范畴分析迁移人口价值期望选择是理性的，以自身收益发展最大化为前提（施国庆，2011；Correa，2011b），充分感知自身及周边环境产生的促使其自主搬迁的推力因素（$P1$），迁出地环境和相关迁移政策对特定人口产生迁移意愿的拉力因素（$P2$），并将二者进行综合性的考虑，评估预期的成本和收益，形成对预期迁移价值的判断（$E1$），在随后的过程中，自愿迁移人口个人或家庭能力的强弱（C）和现有人口迁移的配套政策的优劣（M）在迁移人口迁移价值定向的方向选择上形成了或大或小的阻力（de Brauw et al.，2003）。当现有搬迁能力和配套政策无法实现迁移人口的诉求时，则需要通过加强激励（Q）来消除当前有迁移意愿的人口自主搬迁的阻力因素（O）的影响，推动人口迁移意愿决策的形成，从而达成迁移人口有主动搬迁意愿而产生的对迁移过程及其结果的期望（E）（Breman，1997）。

基于图 4.2，建立推进机制的主要途径包括以下几个方面。

（1）迁移人口诉求的形成，是由推力因素 $P1$ 和拉力因素 $P2$ 综合而成的若干期望（E），即 $E=f(P1, P2)$。

（2）阻力因素产生与否及其程度，是由自身转移能力（C）加上现有促进人口转移配套政策（M）与其期望值（$E1$）的差距程度产生的。

（3）激励产生效果与减少阻力因素程度相关。$Q=f(-O)$。

（4）有迁移意愿的人口能否实现自主搬迁（T）取决于 M、Q、E，且 $T=(M+Q\approx E)$。

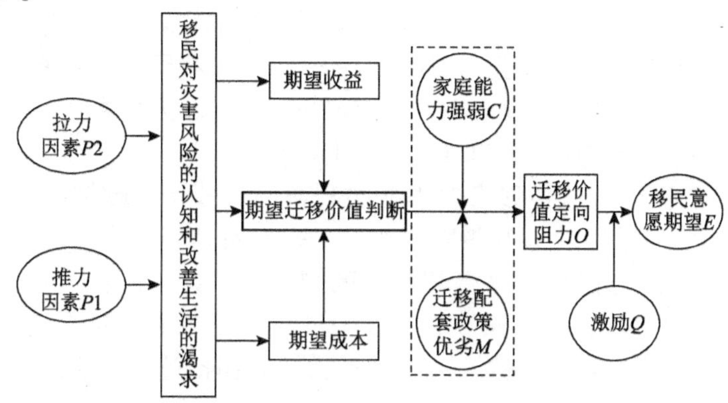

图 4.2　人口迁移意愿价值取向模型

4.2　滑坡地质灾害避灾移民迁移意愿动力推进对策

运用推拉理论，从施力的视角推进人口迁移，一是通过对灾害风险认知、移民诉求的满足和易损权益的保护施以正向的激励；二是采取措施减小或降低阻碍人口迁移的阻力，三是通过适当减少灾害风险区域的相关投入施以反向的激励，汇聚三方形成合力共同朝着自主高意愿度迁移发生作用（Hu and Shi，2014）。基于此，本书对避灾移民迁移意愿动力推进提出以下对策（Hu，2014b）。

4.2.1　加强灾害风险认知激励，增加迁移内动力

避灾移民与工程性质的移民不同，具有自愿性和非自愿性迁移属性，移民迁移意愿与其对风险程度的认知紧密相关，灾害风险直接威胁到生命，在认识到位的前提下，人们迁移是主动性的。但是，自然灾害多为不可预知的，准确预测灾害风险程度具有难度，因此，移民迁移的内动力具有复杂性和多变性。

滑坡是一种危害性极大的地质灾害之一，直接危害人类，造成可能的人亡家毁。对滑坡地质灾害高发区或高危区的居民，通过知识学习、科学普及、宣传、演练等多种手段，让相关民众了解灾害本质和特征，认识到灾害对其生命和财产存在着威胁，提升民众对滑坡地质灾害风险的认知，通过施加原动力的途径，从主观上驱动灾害风险区的移民下决心迁移。

4.2.2　加强政策保障激励，施加人口迁移推力

增加推力不是在灾害风险区本来已经落后、穷困的自然和社会经济基础上雪上加霜，而是采取适当的政策导向，如财政性投资、优惠政策向迁入地倾斜，减少对迁出地的基础设施投入等，让风险区的民众认识到留居在当地没有前途，从而萌发出希望迁移的想法。政策激励的对象主要是迁移人口本身、接纳迁移人口的企业、人口迁出地政府、人口迁入地政府。

（1）对于移民，从转移人口本身的利益诉求分析，政策激励应关注住房政策、就业政策、社保政策和教育政策等，避免负债转移，并出台相关政策以保障转移人口在迁移过程容易受到侵害的知情权、参与权、监督权、申诉权、人格尊严权、居住权、财产权、教育及考试放宽政策享有权、农村社会福利、政策性农业保险等权益，明确侵害权益行为的处罚措施，使政策得到切实的贯彻执行。

（2）对于企业和政府，针对企业的政策激励可按接纳迁移人口数量制定直接资金补助政策、贷款优惠政策和税收优惠政策；针对人口迁出地政府，为了获得迁出地的推力，在政府政策层面可以适当减少优惠政策、减少优惠措施和减少部分项目倾斜；针对人口迁入地政府，为了获得迁入地的拉力，在政府政策层面可以与接受迁移人口数量挂钩，制定公共建设投资政策、产业扶持政策和建设用地政策。

4.2.3　加强移民利益激励，加大人口迁移拉力

加大人口转移的拉力，主要途径包括：一是满足灾害风险区转移人口的合理诉求，包括住房、就业、养老保险、医疗保险和承包地处置等诉求（余文学，2006；邓曦东，2008）；二是保障人口迁移过程中容易受到侵害的权益，包括知情权、参与权、监督权、申诉权、居住权、财产权、土地承包权、征地补偿收益权、资产分配权、农村社会福利和政策性农业保险、各类优惠享有权等。只要转移人口的合理诉求得到充分满足，容易受到侵害的权益又受到切实的保护，自然能提升人口迁移的动力。

移民利益激励主要通过经济手段刺激灾害风险区的移民目标人口，促进人口迁移的态度从观望、犹豫发展到自愿。根据本书迁移人口诉求调查结果，主要利益激励应侧重在住房、社会保障和承包地处置等方面。

（1）住房利益激励。针对住房，迁移人口的诉求分别为旧房如何拆除、新房的购买及安置面积、过渡期的住房补助三大问题。住房利益激励的重点在于旧房的拆除标准和新房的购置补助，其标准要高于当地的征地拆迁补助标准和试点

的城乡统筹补助标准；在住房安置上，采取货币化安置、保障房安置和集中安置模式，并出台不同的优惠政策。一般迁移人口的诉求可能超出了政策许可可能，但使民众“保本搬迁”应是合理要求。

（2）社会保障利益激励。针对社会保障，关注度最高的是养老保险和医疗保险。在灾害风险区虽已试点新农村养老保障制度和农村合作医疗，但还不完善，尤其“四二一”家庭的独生子女赡养多位老人能力不足，新农村合作医疗以“保大病”为主的医疗保障模式，导致合作医疗覆盖率低、受益人群面窄。因此，养老保险应结合现有城乡统筹养老保险政策，适当提高养老保险趸缴的补助标准，并推行跨界省份使用统一政策；医疗保险应适当提高个人参加医疗保险的补助比例及补助年限。

（3）承包地处置利益激励。鼓励目标人群退出承包地十分有利于灾害风险区的减载，其有效的激励措施是提高退出承包地的补偿标准或采用承包地流转模式，提出合理的流转年限及流转费。根据对三峡库区 387 户的调查数据，农户人均耕地为 0.77 亩，愿意退出承包地的农户有 251 户，占 64.9%；愿意拿到一次性补偿款，但不愿意退出承包地的农户有 136 户，占 35.1%，其中愿意流转承包地的农户有 32 户，愿意出租承包地的农户有 67 户，愿意互换承包地的农户有 1 户，愿意转让承包地的农户有 1 户，愿意拿承包地入股的农户有 3 户，而不退出、不流转承包地，还想自己耕种承包地的农户有 32 户，愿意流转承包地的农户希望在政府组织下进行流转，担心个体流转行为收不到流转费。

4.2.4　加强民生愿景激励，减小人口迁移内外阻力

减小人口迁移的阻力实质是要消除阻碍人口迁移的内在因素和外在因素。减小灾害区域人口迁移的内在阻力，主要是要提高迁移人口的自身素质，增强其适合城市生活的谋生技能；而减小其外在阻力，主要是力求降低农村人口的进城入户门槛，提供就业岗位，完善户籍制度和社会保障制度等。人民网对民众调查普遍认为，教育是民生之基，就业是民生之本，收入是民生之源，社会保障是民生之盾，健康是民生之需，畅通是民生之愿，文化是民生之魂。这是民众对民生发展的期待，对于灾害风险区的迁移民众，民生愿景激励主要指城镇生活愿景对迁移民众的吸引力，是自愿迁移强大的拉力。

（1）就业与收入愿景。“十二五”期间，我国城镇化率超过 50%，城乡二元经济模式有效促进了城镇社会经济繁荣发展，就业岗位容量大，就业机会多，加之政府设立了就业培训和指导，城镇职业介绍所、社区服务机构积极提供大量用工信息，为农村迁移人口提供了大量的就业机会。根据调查，灾害风险区民众收入普遍来源于耕作或外出打工，外出打工也多为临时打工，工资待遇相对低。

但迁移后，随着户籍制度改革，一方面，移民可以在家门口就业，生活支出将低于外出务工；另一方面，未来农村和城市户籍开放，人口进城就业，家庭总收入也必将得到提高。

（2）环境与保障愿景。城镇优美、清洁和交通便利的环境，配套的自来水、天然气、宽带网络、小区基础设施、便捷的购物消费环境，健全的教育、法制和社会保障体系，对危机应急处置能力等将为迁移人口提供舒适、便利、安全的生活。

（3）教育与文化愿景。教育是民生之基，文化是民生之魂，民主、科学、流动、开放、包容是城镇化建设的文化特征，城镇人口受教育途径广泛，人口人际交往空间大，文化生活丰富，对迁移人口具有强大的吸引力。

4.2.5　加强政府与民众互动激励，增强人口迁移的合力

避灾移民实践表明：由于迁移过程中各利益相关者的目标在某种程度无法达到高度统一，使得迁移动力分散，阻碍迁移工作推进和管理。因此，应建立交流与沟通机制，增强互信力；建立监督与申诉机制，增强公信力。

（1）建立政府与各利益相关者之间广泛的交流与沟通机制，给予利益相关者参与权、知情权、选择权，吸纳利益相关者参与安置方案的制订与实施，避免因信息不对称造成的误解和矛盾；避免出现相关利益方不关心、不合作、不互动的现象发生。在保障利益的前提下，建立必要的约束机制，减少利益矛盾，增强互信力。

（2）建立移民监督与申诉机制。移民搬迁，补偿扶持是移民最关心的问题，移民在物质方面将失去原有的住房、经营场所、土地、土地上的作物等，政府采取多种形式给予移民可接受的补偿，这一过程应赋予移民充分的监督权，保障经济补偿公开透明。当移民的个人合法权益受到侵犯时，要有畅通的申诉渠道、申诉机制和问责机制，增强公信力。

（3）除了上述相关方进行互动外，积极争取社会力量广泛参与，发挥社会慈善组织、志愿者组织、非政府组织等各自的优势和潜能，朝着同一目标，合力推进。

基于上述分析，总体认为，避灾移民迁移推进途径具有多向性。首先，应加强风险意识和风险教育，促进人口从被动迁移转化为主动迁移；其次，通过意愿分析、需求调查、利益供需平衡分析、政策诱导、利益诱导、远景诱导等方式，促进人口从消极迁移转化为积极迁移；最后，吸引各方参与，在政府、各利益相关者和非利益相关者之间建立起互动和联动的运行与管理机制，促进人口迁移推进工作从“政府主导型”向“政府主导，移民主体、公众广泛参与型”转化。

4.3　案例分析：三峡库区滑坡地质灾害避灾移民意愿及影响因素

避灾移民若没有动力及平衡，就会不可避免地出现偏差。考虑到迁移人口的意愿及其影响因素对避灾移民工程的重要作用，本书以三峡库区湖北省秭归县避灾移民人口为对象进行调查，采用问卷与访谈形式，对移民的个体情况、家庭情况、原居住条件、滑坡避险认知情况、社会环境等进行了解，对在此基础上形成的迁移意愿影响因素进行案例分析，为避灾移民的意愿及迁移动力的分析提供参考。以人口迁移理论为基础，进一步探讨避灾移民策略。

4.3.1　研究假说

根据人口迁移理论及上述模型分析，结合研究区域的实际特点，本书以农户为分析背景，将影响避灾移民意愿的因素分为农户个体因素、不同的家庭情况、原有居住条件、滑坡避险认知、社会保障五大类，假说如下所示。

假说 1：农户个体因素对避灾移民意愿有影响。①户主年龄。年龄较小的农户由于其知识结构和综合条件优于年龄大者，适应新环境快，就业机会多，迁移后选择务工面宽，可以增加收入，因此，迁移意愿比较强烈；相反，年龄大的农户由于迁移后适应力弱，缺少从事农业生产活动以外的人力资本，同等条件下，很难找到适合自己的工作，从而导致迁移意愿较弱。②户主健康状况。对新环境的适应能力强、迁移意愿强烈的家庭，多为身体条件和健康状况良好的农户，与健康状况较差的农户相比，更能承担起一定劳动强度的非农业生产活动。

假说 2：农户的不同家庭情况影响避灾移民意愿。一方面，家庭人口结构对迁移意愿有影响：①家庭人口数量。城市与小城镇建设进程的加快，增加了农户进城就业的机会，对家庭收入与支出产生了影响，因此家庭人口数量对迁移意愿的影响具有不确定性。家庭收入水平受人口数量的影响，移民前后从事农业和非农生产的劳动力人数的变化决定了影响程度。②少儿数量。指家庭中 14 岁以下人口的数量，少儿数量相对较多的家庭对搬迁后子女受良好教育和生活的预期较高，一般而言，此类家庭的迁移意愿较强。③老龄人口数量。指家庭中 65 岁以上人口的数量，搬迁后老龄人口将很少或不再从事农业生产劳动，对家庭收入的贡献作用降低，老龄人口的生活将由家庭中其他劳动力人口承担，相对压力增加，此类老龄人口数量相对较多的家庭的迁移意愿比较弱。另一方面，家庭的经济状况对迁移意愿有影响：①家庭年均纯收入。年收入水平不高的家庭，对于参与避灾移民获得的补偿及未来发展的机会期望值相对较高，对于通过迁移改善现状，增加收益的意愿比较强烈；而对于年收入相对稳定，经济情况良好的家庭来说，生活的安定与较小的经济压力使得其迁移意愿并不强烈。②收入来源。对于耕地较多，主要以种植业为生的家庭来说，迁移会导致其主要生产资料的丧失，随之带来较大的生计压力，与以第二产业和第三产业为主要经济来源，对土地依赖度较小的家庭相比，迁移意愿度也会小很多。

假说 3：原有居住条件对避灾移民意愿有影响。①原居住地位置。居住在滑坡体直接作用范围内的农户的迁移意愿，要比生活在灾害作用范围边缘及以外的农户的搬迁意愿要强。②原居住房屋面积。房屋的面积大，结构材质好，意味着房屋的价值就高，预期拥有砖混结构的大面积房屋的农户迁移意愿较小；而房屋质量较差，面积较小的农户对居住情况的预期改善诉求较高，因此迁移意愿强烈。③原居住地距离乡镇远近。距离乡镇较远的农户，离市场也较远，对信息的获取及市场的参与度相对不便，出行交通也受到一定限制，迁移至距离乡镇较近的意愿比较强烈，反之，迁移意愿较弱。④原居住地规模。集中居住的农户居住地规模较大，各方面资源相对集中，社会资本可利用程度较高，可以方便快捷地得到帮助，此类农户迁移意愿不高，反之，分散居住的农户资源分散，为了得到改善，对迁移的预期收益期望很高，迁移意愿强烈。

假说 4：滑坡避险认知影响农户迁移意愿。①是否了解滑坡灾害应对措施。这反映了农户对滑坡灾害及应对方法的了解程度，从侧面表明了农户对人身及财产安全的重视程度。对滑坡灾害知识了解并参加应对方法培训的农户，以及为了避免损失而积极进行防护的农户，迁移的意愿比较强烈。②高风险土地停耕面积。滑坡风险较大的土地上，停止耕作活动的面积越大，说明对滑坡灾害的认知度越高，由于这类土地上随时存在滑坡风险，土地产生的农业收益并不确定，故农户停止了对这类土地的耕作，转而用其他积极的方式去增加收入，对生产环境的改善诉求很高，迁移意愿较强。

假说 5：社会保障影响农户迁移意愿。根据农村医疗条件差的普遍情况分析，农户对医疗保障与养老保障的渴望度比较高，由于疾病的发生，会为经济并不宽裕的农户带来经济上的巨大压力，医疗保险与养老保险的参与会缓解其压力，为其生活提供一个稳定的保障，迁移意愿也就随之被带动起来。

4.3.2 迁移意愿调查样本分析

基于上述分析，本书以三峡库区位于湖北省秭归县地质灾害人口迁移意愿调查分析为依据，调查内容涵盖乡镇的区域特征、农户家庭情况（户主年龄、健康状况等）、家庭情况（家庭人口数量、少儿数量、老龄人口数量、年人均收入或家庭年纯收入、收入来源等）、原居住情况（原居住地位置、原居住房屋面积、原居住地距离乡镇远近、原居住地规模等）、滑坡避险认知、社会保障及迁移意愿等。根据随机抽样的原则，对秭归县下属村镇的农村住户抽样问卷调查与访谈，抽取 47 户 209 名人员样本，调查问卷表见附录，对问卷统计结果进行分析如下。

1. 样本人口基本情况

47 户家庭共 209 人中，其年龄结构分布为：16 岁以下为 29 人，16～59 岁为 162 人，60 岁及以上为 18 人。文化程度分布为：小学及以下文化程度的为 65 人，初中文化程度的为 75 人，高中文化程度的为 52 人，大学及以上文化程度的为 17 人。收入主要来源分为：外出务工 16 户，种植业 31 户，养殖业、加工业和经商三类户数皆为 0 户。说明移民人口文化程度普遍偏低，靠种植业为生的人口比重大，移民外出动力不足，缺乏资金，无力从事养殖业、加工业和经商的前期投入。其中，明确表示愿意迁出的家庭有 36 户，占 76.60%；表示不愿意迁出的家庭有 3 户，占 6.38%；无所谓的家庭有 8 户，占 17.02%。绝大部分移民都愿意避险搬迁，表 4.1 为愿意避险搬迁的 36 户样本的基本特征。

2. 愿意迁出人口情况分析

47 户家庭中有 36 户共 165 人愿意迁出，占总人口数的 78.95%，其中 16～59 岁为 131 人，占总人口数的 62.68%；4 口的家庭为 13 户，占总户数的 27.66%；其次是 6 口和 5 口的家庭均为 7 户，各占 14.89%。这说明中青年人口和中等人口家庭（4～6 口）都有比较强烈的迁移意愿，人口迁移的内在动力大。

受教育程度：小学及以下文化程度的为 52 人，占调查人数的 24.88%；初中文化程度的为 57 人，占 27.27%；高中文化程度的为 39 人，占 18.66%；大学及以上文化程度的为 17 人，占 8.13%。初中及以下文化程度的人数占 52.15%，说明移民文化程度普遍较低，而大学及以上文化程度的人员全部同意迁移，说明他们的适应能力强，希望迁移到更好的地方。

希望实物补偿方式：愿意按房屋面积、结构和统一标准计算进行补偿的为 21 户，占调查户数的 44.68%，说明移民对实物补偿更倾向于按房屋面积、结构和统一标准计算来进行补偿，也说明目前农村家庭人口规模普遍不大，传统的几代人同居生活已不多见，现有房屋人均面积获得的政府补偿可能高于按人口测算补偿；希望按人口进行人均平米补偿的占 17.02%。可见，移民个体诉求不同，如果政府能够按个性化需求提供可选择的补偿方式，那么，迁移意愿的阻力将转化为推动力。

表 4.1　同意避险搬迁的移民户基本特征

统计特征	分项指标	人数（或户数）	占总数比例/%
年龄	16 岁以下	21 人	10.04
	16～59 岁	131 人	62.68
	60 岁以上	13 人	6.22
家庭人口	2 人	0 户	0
	3 人	7 户	14.89
	4 人	13 户	27.66
	5 人	7 户	14.89
	6 人	7 户	14.89
	7 人	2 户	4.26
受教育程度	小学及以下	52 人	24.88
	初中	57 人	27.27
	高中	39 人	18.66
	大学及以上	17 人	8.13
实物补偿方式	按人口多少人均平米进行补偿	8 户	17.02
	按房屋面积、结构和统一标准计算进行补偿	21 户	44.68
	无所谓，听从安排	7 户	14.89
收入主要来源	依靠外出务工	12 户	25.53
	从事种植业	24 户	51.06
	从事养殖业	0 户	0
	加工业	0 户	0
	经商	0 户	0
就业安置方式	种植业	4 户	8.51
	工业园区企业就业	7 户	14.89
	政府安排就业岗位	12 户	25.53
	自谋职业	13 户	27.66
主要顾虑（多选项）	不想改变现有生活现状	0 户	0
	房屋拆迁会造成经济损失	11 户	23.40
	失去土地会减少经济收入	15 户	31.91
	缺少谋生手段而无法适应城市生活	12 户	25.53
	在城镇购买不起房屋	26 户	55.32
政策保障	养老保险	27 户	57.45
	失业保险	7 户	14.89

续表

统计特征	分项指标	人数（或户数）	占总数比例/%
政策保障（多选项）	住房保障	6 户	12.77
	就业	2 户	4.26
	子女上学	2 户	4.26
	技能培训	3 户	6.38
技能培训（多选项）	农业技术	3 户	6.38
	实用技能	25 户	53.19
	创业培训	9 户	19.15
	按企业订单培训	1 户	2.13

收入主要来源：依靠外出务工的为 12 户，占调查户数的 25.53%；从事种植业的为 24 户，占 51.06%，而从事养殖业、加工业、经商的户数为 0 户，说明大多数移民都是从事种植业的，具有迁移潜在阻力，因此安置时要充分考虑土地的补偿及种植业的技术培训。

希望就业安置方式：希望从事种植业的为 4 户，占调查户数的 8.51%；希望在工业园区企业就业的为 7 户，占 14.89%；希望由政府安排就业岗位的为 12 户，占 25.53%；希望自谋职业的为 13 户，占 27.66%。虽然目前从事种植业的户数占比较高，但搬迁后愿意继续从事种植业的户数比率很低，说明移民普遍不愿意再从事种植业，更愿意尝试自谋职业，说明新住地或城镇优良的社会经济条件对移民具有吸引力或拉力。

移民主要顾虑：不想改变现有生活现状的为 0 户，体现了迁出地对人口迁移的推力作用；顾虑房屋拆迁会造成经济损失的为 11 户，占调查户数的 23.40%；顾虑失去土地会减少经济收入的为 15 户，占 31.91%；顾虑因缺少谋生手段而无法适应城市生活的为 12 户，占 25.53%；担忧在城镇购买不起房屋的为 26 户，占 55.32%。说明移民对进入城市生活存在担忧，具有潜在的排斥力作用。

最需要何种政策保障：关心养老保险的为 27 户，占调查户数的 57.45%；关心失业保险的为 7 户，占 14.89%；关心住房保障的为 6 户，占 12.77%；关心就业的为 2 户，占 4.26%；关心子女上学的为 2 户，占 4.26%；关心技能培训的为 3 户，占 6.38%。说明在大部分移民心中，养老问题最重要，也是现存社会尚未解决好的问题，政府应给予高度关注，并正面推动。

最需要何种技能培训：希望给予实用技能培训的为 25 户，占调查户数的 53.19%，比例最大，说明广大移民迫切希望得到实用技能的培训，掌握一项专门技能，快速上岗，提高就业的竞争力。由于普遍希望自谋职业，因此希望给予农业技术培训的户数很少，占 6.38%；希望给予创业培训的为 9 户，占 19.15%，表明有创业想法（自谋职业的一种），但可能缺少能力，甚至资金。

3. 不愿意迁移人口情况分析

表 4.2 为明确不愿意避险搬迁的 3 户样本的基本特征，占 6.38%。3 户中有 1 户 2 口之家，年龄在 60 岁以上，说明老人难离故土；3 户中有 1 户 5 口之家，没有 60 岁以上的老人，家庭人口最高学历为 1 人高中文化，其主要收入靠外出务工，说明没有留守老人，也可能常年在外生活，不愿意因搬迁带来麻烦；3 户中有 1 户 3 口之家，年龄都在 16～59 岁之间，2 人初中文化，1 人高中文化，没有 60 岁以上的老人，其主要收入靠外出务工，因此也几乎不在原居住地生活。

如果一定要搬迁，3 户都希望按房屋面积、结构和统一标准计算进行补偿；对收入来源的希望 2 户是外出务工，1 户有老人的家庭继续以种植业为生；主要顾虑是房屋拆迁会造成经济损失或失去土地会减少经济收入；主要关心的政策是养老保险。

表 4.2　不同意避险搬迁的移民户基本特征

统计特征	分项指标	人数（或户数）	占总数比例/%
年龄	16 岁以下	2 人	0.96
	16～59 岁	6 人	2.87
	60 岁以上	2 人	0.96
家庭人口	2 人	1 户	2.13
	3 人	1 户	2.13
	5 人	1 户	2.13
受教育程度	小学及以下	5 人	2.39
	初中	3 人	1.44
	高中	2 人	0.96
	大学及以上	0 人	0
实物补偿方式	按人口多少人均平米进行补偿	0 户	0
	按房屋面积、结构和统一标准计算进行补偿	3 户	6.38
	无所谓，听从安排	0 户	0
收入主要来源	依靠外出务工	2 户	4.26
	从事种植业	1 户	2.13
	从事养殖业	0 户	0

续表

统计特征	分项指标	人数（或户数）	占总数比例%
就业安置方式	种植业	1 户	2.13
	工业园区企业就业	1 户	2.13
	政府安排就业岗位	0 户	0
	自谋职业	1 户	2.13
主要顾虑（多选项）	不想改变现有生活现状	1 户	2.13
	房屋拆迁会造成经济损失	2 户	4.26
	失去土地会减少经济收入	1 户	2.13
	缺少谋生手段而无法适应城市生活	1 户	2.13
	在城镇购买不起房屋	0 户	0
政策保障（多选项）	养老保险	2 户	4.26
	失业保险	0 户	0
	住房保障	0 户	0
	就业	1 户	2.13
	子女上学	0 户	0
	技能培训	0 户	0
	创业贷款	0 户	0
技能培训	农业技术	1 户	2.13
	实用技能	1 户	2.13
	创业培训	0 户	0
	按企业订单培训	1 户	2.13

4. 迁移意愿为无所谓的人口情况分析

表 4.3 为对避险搬迁表示无所谓的 8 户样本的基本特征，所占比例不大，为 17.02%。8 户家庭共有 34 人，其中 31 人为 59 岁以下人口，有 5 户家庭没有 60 岁以上老人；6 户家庭都有 1～2 人为高中文化，这种特征的家庭容易保持中立，对人口迁移表示无所谓，愿意听从安排。对于收入主要来源，8 户家庭中有 6 户从事种植业，2 户依靠外出务工；对于迁移补偿，6 户希望按房屋面积、结构和统一标准计算进行补偿，同上面两种情况趋于一致；对于搬迁顾虑，3 户担忧在城镇购买不起房屋，5 户顾虑失去土地会减少收入，3 户顾虑房屋拆迁会造成经

济损失；在就业安置方式选择上，只有 1 户选择自谋职业，多数保持原种植业，说明家庭除种植业以外，其他途径选取职业缺乏勇气；在政策保障上，6 户家庭关心养老保险，这是各类家庭共同关心的问题；关于技能培训，3 户希望给予农业技术培训，3 户希望给予实用技能培训，说明移民都希望通过培训掌握专门技能或种植业技术，努力致富。迁移意愿为无所谓的家庭，在推拉力共同作用下，只要政策好，达到基本预期，迁移排斥力会迅速减弱。

表 4.3　对避险搬迁表示无所谓的移民户基本特征

统计特征	分项指标	人数（或户数）	占总数比例/%
年龄	16 岁以下	6 人	2.87
	16～59 岁	25 人	11.96
	60 岁以上	3 人	1.44
家庭人口	2 人	0 户	0
	3 人	2 户	4.26
	4 人	3 户	6.38
	5 人	2 户	4.26
	6 人	1 户	2.13
受教育程度	小学及以下	9 人	4.31
	初中	16 人	7.66
	高中	9 人	4.31
	大学及以上	0 人	0
实物补偿方式	按人口多少人均平米进行补偿	1 户	2.13
	按房屋面积、结构和统一标准计算进行补偿	6 户	12.77
	无所谓，听从安排	1 户	2.13
收入主要来源	依靠外出务工	2 户	4.26
	从事种植业	6 户	12.77
就业安置方式	种植业	3 户	6.38
	工业园区企业就业	1 户	2.13
	政府安排就业岗位	3 户	6.38
	自谋职业	1 户	2.13
主要顾虑（多选项）	不想改变现有生活现状	1 户	2.13

续表

统计特征	分项指标	人数（或户数）	占总数比例/%
主要顾虑（多选项）	房屋拆迁会造成经济损失	3 户	6.38
	失去土地会减少经济收入	5 户	10.64
	缺少谋生手段而无法适应城市生活	1 户	2.13
	在城镇购买不起房屋	3 户	6.38
政策保障	养老保险	6 户	12.77
	失业保险	1 户	2.13
	住房保障	2 户	4.26
	就业	1 户	2.13
	子女上学	2 户	4.26
	技能培训	0 户	0
	创业贷款	0 户	0
技能培训	农业技术	3 户	6.38
	实用技能	3 户	6.38
	创业培训	2 户	4.26
	按企业订单培训	0 户	0

5. 样本综合统计分析

对 47 户移民迁移意愿调查样本进行综合统计分析，如表 4.4 所示。

分析认为：①普遍愿意避险搬迁，表示愿意和无所谓的共 44 户，占 93.61%；其中 37 户提出政策合适，愿意主动搬迁；愿意迁往县城的为 35 户，占 74.47%。②在房屋补偿意愿上，选择按房屋面积、结构和统一标准计算的为 30 户，占 63.83%。③在住房安置意愿上，选择集中建经济适用房，按政策购买的占多数，为 27 户，占 57.45%，其次是直接给予购房补贴，自行选择购买的为 14 户，占 29.79%。④在就业安置意愿上，普遍选择政府安排就业岗位（16 户，占 34.04%）和自谋职业（15 户，占 31.91%）。⑤在迁移的主要顾虑上，最担心在城镇购买不起房屋（33 户），同时担心失去土地会减少经济收入（21 户）。⑥在退出承包地意愿上，愿意退出承包地的有 30 户，占 63.82%；在承包地、林地处置意愿上，普遍愿意按农业人口给予生产安置费后拆房就交集体（18 户，占 38.30%）和对土地按面积、地类补偿后拆房就交集体（13 户，占 27.66%）。⑦在政策保障意愿上，关注养老保险的最多，为 34 户，占 72.34%。⑧在技能培训意愿上，关注实用技能的最多，为 28 户，占 59.57%。

表 4.4　47 户移民迁移意愿统计分析

类别	意愿分类	户数/户
避险搬迁意愿	愿意	36
	不愿意	3
	无所谓，听从安排	8
搬迁的前提条件	政策合适，愿意主动搬迁	37
	地质灾害造成房屋不能居住才愿意搬迁	8
	无所谓，听从安排	2
愿意迁往	本村就近后靠	7
	区域外居民点	1
	集镇	1
	县城	35
	大城市，如武汉市城区、宜昌	2
	出三峡库区（农村）	1
房屋补偿意愿	按人口多少人平均	9
	按房屋面积、结构和统一标准进行计算	30
	无所谓，听从安排	8
住房安置意愿	政府集中建经济适用房，按政策购买	27
	政府直接给予个人购房补贴，自行选择购买	14
	在城镇外划分居民点自建或购买老居民房屋	6
就业安置意愿	种植业	8
	工业园区企业就业	8
	政府安排就业岗位	16
	自谋职业	15
主要顾虑（多选项）	不想改变现有生活	2
	房屋拆迁会造成经济损失	16
	失去土地会减少经济收入	21
	缺乏谋生手段而无法适应城市生活	14
	在城镇购买不起房屋	33
愿意退出承包地	愿意	30
	不愿意	8
	无所谓，听从安排	9
对承包地、林地处置意愿	按农业人口给予生产安置费后拆房就交集体	18
	按面积、地类补偿后拆房就交集体	13
	拆房后再经营几年交给集体	7
	无所谓，听从安排	9

续表

类别	意愿分类	户数/户
需要政策保障意愿（多选项）	养老保险	34
	失业保险	8
	住房保障	10
	就业	5
	子女上学	3
	技能培训	1
	创业贷款	1
需要技能培训	农业技术	6
	实用技能	28
	创业培训	11
	按企业订单培训	2

4.3.3　迁移意愿影响因素的 Logistic 回归分析

1. Logistic 回归模型

Logistic 回归为概率型非线性回归模型，是研究分类观察结果与其影响因素之间关系的一种多变量分析方法，是社会学、生物统计学、市场营销等统计实证分析的常用方法。Logistic 模型最早由 Luce 在 1959 年首次导出，在此基础上，Marschark 在 1960 年对 Logistic 模型与最大效用理论的一致性进行了证明；Marley 在 1965 年通过对模型的形式和效用非确定项分布关系的研究证明了 Logistic 形式的模型可由极值分布推导；McFadden 在 1974 年反过来证明了具有 Logistic 形式的模型效用非确定项一定服从极值分布（姜冬梅，2012）。Logistic 回归模型被中外学者广泛地运用在人口迁移意愿分析中。比如，林毅夫（2000）在《再论制度、技术与中国农业发展》一书中，通过总结农户参与劳动力市场、土地市场及租赁市场的活动情况，结合样本对模型进行检验，论证了要素禀赋和技术的关系，从而定量分析了人口迁移意愿；唐宏等（2011）采用 Logistic 模型对农户移民迁移意愿的影响因素进行分析，认为家庭主要收入来源、人均纯收入、非农收入比重、人口数量和参与退耕还林情况是影响农户移民搬迁意愿的主要因素，移民农户较弱的迁移意愿、收入支出情况、安置点耕地质量与灌溉条件是影响其迁移意愿的主要因素。冯雪红和聂君（2013）采用 Logistic 模型对待迁的回族生态移民迁移意愿和已迁的回族生态移民迁移行为进行分析，探究两者显著影响因素的异同，为进一步推动回族生态移民意愿产生和迁移行为的最终实现提出了对策建议；王华（2009）在《城市化进程中郊区农民迁移意愿模型——对广州的实证研究》中，运用 Logistic 模型证明了市场经济环境下，农民的迁移行为随着迁移预期收益程度而变化，成正相关性。基于外在环境因素和内在自身因素的综合作用，移民的行为选择是理性的。

Logistic 回归模型多变量的线性表示：

$$p(y=1/x_1,x_2,\cdots,x_k)=\frac{1}{1+e^{-(\beta_0+\beta_1x_1+\cdots+\beta_kx_k)}} \quad (4.1)$$

$$\text{In}[p/(1-p)]=\beta_0+\beta_1x_1+\beta_2x_2+\cdots+\beta_kx_k \quad (4.2)$$

对于避灾移民搬迁，式（4.1）中：p 表示愿意迁移的概率，β 为回归系数，β_k 表示第 k 个影响因素的回归系数，x_k 是第 k 个自变量，k 表示影响因素个数。其中，β_0 为常数项，与变量 x_k 无关的因素影响；$\beta_k=0$，表明 p 与变量 x_k 无关，迁移愿意不由 x_k 因素决定；$\beta_k>0$，表明 p 与变量 x_k 有关，变量 x_k 是迁移愿意正向因素；$\beta_k<0$，表明 p 与变量 x_k 有关，变量 x_k 是迁移愿意负向因素。

计算描述因素与迁移愿意间联系强度指标 OR 值如式（4.3）。

$$\text{OR}=e^{\beta_k} \quad (4.3)$$

2. 变量设置

根据调查样本特征，本书将影响避灾移民迁移意愿的变量分为 5 类因素，15 个输入变量，如表 4.5 所示。设 Y 为输出变量，Y=1 表示愿意迁移，Y=0 为不愿意迁移或无所谓。

表 4.5 避灾移民迁移意愿影响变量

避灾移民意愿（因变量）		二值描述
影响因素	变量名	1=愿意；0=不愿意，无所谓
移民个体因素	年龄	1=0～35 岁；2=36～45 岁；3=46～55 岁；4=56～90 岁
	身体状况	1=良好；2=一般；3=差
移民家庭因素	家庭人口数量	连续变量：1～8 人
	少儿数量	连续变量：0～3 人
	老龄人口数量	连续变量：0～3 人
	年人均纯收入	1=[0，5000）；2=[5000，15000）；3=[15000，∞）
	收入来源	1=农业；2=非农业
原居住情况因素	原居住房屋位置	1=远滑坡体；2=近滑坡体；3=滑坡体
	原居住房屋面积	连续变量：40～400 米 ^{2}
	原居住地离乡镇距离	连续变量：1～40 千米
	原住地规模	连续变量：1～70 万人

续表

避灾移民意愿（因变量）		二值描述
滑坡避险认知因素	是否了解滑坡应对措施	1=了解；2=不了解
	高风险土地停耕面积	连续变量：0～15
社会保障因素	养老保险参与情况	1=没有；2=有
	医疗保险参与情况	1=没有；2=有

3. 对样本的 Logistic 回归分析

运用经典的 Logistic 回归模型对影响人口迁移意愿的主客观因素进行数据化分析，获得各类因素对人口迁移意愿的影响程度结论，为避灾移民实施决策和安置规划的制定提供了参考。本书运用 SPSS 16.0 软件（周玉敏，2009），对 47 个家庭迁移意愿样本作 Logistic 回归系数显著性分析，如表 4.6 所示。

为消除变量的多重共线性，采用 Wald 检验法不断剔除不符合回归方程要求的变量，直到回归方程中所有变量的系数都通过显著性检验为止。

模型 1 是按照置信度 95%将年龄、身体状况、家庭人口数量、少儿数量、老龄人口数量、年人均纯收入、收入来源、原居住房屋位置、原居住房屋面积、原居住地离乡镇距离、原住地规模、是否了解滑坡应对措施、高风险土地停耕面积、养老保险参与情况、医疗保险参与情况这些自变量引入模型进行显著性检验。SPSS 16.0 软件会在后续计算中逐步剔除未通过显著性检验的变量，经过六个阶段的 Logistic 分析，最终得到模型 2 中的数据，所有变量的回归系数显著性检验的概率 P 值（Sig.）小于 5%显著性水平。

对计量模型的运算结果进行分析，年龄、少儿数量、老龄人口数量、原居住房屋位置、原居住房屋面积、原住地规模、是否了解滑坡应对措施、高风险土地停耕面积、医疗保险参与情况 9 个变量最终通过了 5%的显著性水平检验，其中年龄、老龄人口数量、原居住房屋面积、原住地规模、是否了解滑坡应对措施与避灾移民意愿呈负相关关系，少儿数量、原居住房屋位置、高风险土地停耕面积、医疗保险参与情况与避灾移民意愿呈正相关关系。

表 4.6　Logistic 回归模型计算结果

模型	方程中的变量	B	SE	Wals	df	Sig.	exp（B）
模型 1	年龄	−1.076	0.051	12.202	1	0.000	0.279
	身体状况	1.565	0.172	0.233	1	0.963	0.972
	家庭人口数量	−0.985	1.480	1.800	1	0.016	−0.081
	少儿数量	1.751	0.468	3.734	1	0.092	0.054

续表

模型	方程中的变量	*B*	SE	Wals	df	Sig.	exp（*B*）
模型 1	老龄人口数量	0.018	0.012	0.615	1	0.033	0.099
	年人均纯收入	−0.027	1.005	0.077	1	0.081	−0.131
	收入来源	−4.662	1.803	6.688	1	0.015	−0.257
	原居住房屋位置	0.732	0.441	18.647	1	0.000	1.869
	原居住房屋面积	−1.414	1.056	3.943	1	0.032	0.543
	原居住地离乡镇距离	1.169	1.150	0.022	1	0.203	0.144
	原住地规模	−0.374	0.157	4.889	1	0.039	0.854
	是否了解滑坡应对措施	−0.399	0.311	0.887	1	0.012	0.775
	高风险土地停耕面积	1.576	0.403	12.288	1	0.000	2.089
	养老保险参与情况	2.377	1.626	2.137	1	0.014	0.323
	医疗保险参与情况	1.620	0.839	1.731	1	0.000	3.189
	常量	−7.363	2.486	8.694	1	0.101	0.001
模型 2	年龄	−1.116	0.224	21.232	1	0.000	0.311
	少儿数量	1.564	0.223	4.265	1	0.000	4.658
	老龄人口数量	−0.526	0.243	24.54	1	0.024	0.546
	原居住房屋位置	0.523	0.103	25.932	1	0.000	1.668
	原居住房屋面积	−1.099	0.462	5.833	1	0.016	0.327
	原住地规模	−0.231	0.089	6.831	1	0.009	0.795
	是否了解滑坡应对措施	−0.544	0.457	1.662	1	0.000	0.571
	高风险土地停耕面积	1.275	0.285	15.806	1	0.000	3.254
	医疗保险参与情况	1.024	0.714	2.364	1	0.000	2.784
	常量	−4.589	1.845	6.546	1	0.000	0.003

注：SE 为标准误差，df 为自由度，Sig.为 *P* 值，exp（*B*）为 *B* 还原之后的数值

4.3.4 分析评述

（1）移民个体因素的影响：户主的年龄变量通过了 1%的显著性水平检验，系数为负，表明户主的年龄越大，迁移的意愿越小，主要原因是户主年龄过大，身体条件不如青壮年时期，搬迁所耗的体力和精力相对较高，所以对搬迁的积极性不是很高。避灾移民意愿和户主的身体状况变量关系不大。

（2）移民家庭因素的影响：①家庭人口数量变量未能通过模型 2 的显著性水平检验，说明家庭人口数量对移民意愿没有太大的影响，究其原因，可能是由

于农户家庭以户主为代表，协调方便，意见容易统一，其余家庭成员也不会有过多意见，遵从户主决定，故家庭人口多少不足以对移民意愿产生太大影响；②少儿数量变量通过了模型 2 的显著性水平检验且正相关，说明家庭中少儿比例越高，家庭避灾移民的意愿越强，主要因为我国农村学校教学实施软硬件配置相对落后，教育水平低下，作为家长，更愿意自己的子女接受良好的教育，改变未来的命运，出于长远考虑，少儿数量居多的家庭迁移意愿比较高；③老龄人口数量变量通过了 5%的显著性水平检验，与移民意愿呈负相关关系，且家庭中每增加一名老龄人口，避灾移民意愿比例下降 54.6%，主要原因是老龄人口对新事物及新环境的接受度相对较低，适应能力不强，且失去了农业生产能力，经济收入有限，此外，难离故土也是比较重要的原因，不愿在晚年再冒移民的风险；④年人均收入及收入来源变量均未能通过显著性水平检验，主要原因在于对于收入水平偏低的农户来说，虽可能对土地依赖程度较高，但期望能得到避灾移民补偿的心理促使其增加了意愿度，而收入相对稳定的农户，可能对土地的依赖程度不高，收入的主要来源已过渡为非农收入，对市场的适应能力更强，在这种情况下，对移民的意愿就没有太大影响。

（3）原居住情况因素的影响：①原居住房屋位置通过了 1%的显著性水平检验，居住在滑坡体上的农户搬迁意愿最强，主要原因在于滑坡体风险随时可能对人的生命、财产安全造成损害，使人们心理压力巨大；②原居住房屋面积变量通过了模型 1 和模型 2 的 5%水平的显著性检验，且与移民意愿呈负相关性，住房面积大且结构优良的移民，意愿度不够强烈，因为其不愿放弃现有的固定资产，担心迁移后，对生产、生活水平的恢复信心不足，房屋拆迁造成的损失越大，移民迁移意愿度越低；③原居住地距乡镇的距离变量未通过显著性水平检验，原因主要在于，样本户居住地点离乡镇距离都不远，故不影响其迁移意愿；④原居住地规模变量通过 1%的显著性检验，与移民意愿呈负相关性，说明原居住地规模较大的农户，实物资本与社会资本、人力资本相对集中，生产、生活成本相对较低，这类农户的迁移意愿不够强烈，反之，居住分散的农户的搬迁意愿随着迁移规模每减少一个单位，迁移意愿度将增加 79.5%。

（4）滑坡避险认知因素的影响：①是否了解滑坡应对措施变量通过了 1%的显著性水平检验，说明对滑坡灾害及应对措施比较了解的农户对生命、财产安全比较重视，积极主观能动性比较强，比那些认识不足的农户的搬迁意愿要高；②高风险土地停耕面积变量通过了 1%的显著性水平检验，且与避灾移民意愿呈正相关性，停耕面积每增加一个单位，避灾移民意愿度将增加 3.25 倍，停耕面积越多的农户对风险估计越充足，搬迁的意愿越强烈。

（5）社会保障因素的影响：医疗保险参与情况变量通过了 1%的显著性水平检验，说明在其他条件一定的基础上，参与医疗保险的农户避灾移民的意愿更高，由于疾病所带来的经济负担比老无所养更加可怕，农村医疗条件落后，城镇的医疗环境相对较好，参与医疗保险的农户享有了基本的社会保障，也得到了寄托，所以移民意愿会强烈一些。

综合分析可以得到结论：年龄、老龄人口数量、原居住房屋面积、原住地规模、是否了解滑坡应对措施与避灾移民意愿呈负向关系，少儿数量、原居住房屋位置、高风险土地停耕面积、医疗保险参与情况与避灾移民意愿呈正向关系。为了保障避灾移民工程的展开，应根据移民个体、移民家庭情况、原住地情况等因素进行避灾移民范围和对象的界定，设定合理的补偿标准，涉及移民费用的问题时，政府应该积极采取措施，拓展资金渠道，为移民搬迁解决难题。可以根据意愿影响因素的主次分阶段搬迁，对生活环境恶劣，风险认知水平低，房屋面积小、结构差的小众移民实施先行搬离，对其他条件相对较好，居住集中的移民实施后续搬迁，制定好移民安置规划。此外，应加强避灾移民政策的广泛宣传，建立通畅的沟通反馈机制。

4.4 小结

本章根据人口迁移的推拉理论分析了人口迁移的推力、拉力和阻力，研究了避灾移民人口迁移动力形成机理，依据托达罗、"投资—收益"等理论和推拉理论知识，构建出人口迁移意愿价值取向模型。阐述了产生移民意愿的外部动因和移民自身内部动因，认为迁移地因众多负面因素形成了迁移推力、迁入地因众多正面因素形成了迁移拉力及政府推动力是外部动因，移民对生命、财产安全和自身发展需求的向往产生了迁移的主观内在动力，而移民过程的距离远近、物质障碍、语言文化差异，以及移民个体对于以上这些因素的价值判断就是阻力。当推力和拉力的合力大于阻力时，人口就会发生迁移；当推力和拉力的合力小于阻力时，人口转移趋于保持现状。提出人口迁移推进策略，从政策保障激励、民生利益激励、民生愿景激励和政府与民众互动激励四个方面增大人口迁移推理，加大迁移拉力，减少迁移阻力和增强迁移合力。

为了分析移民迁移意愿受哪些因素影响，影响程度如何，本书从人—地关系、人口—经济、人口—社会等多角度分析其对人口转移意愿的影响，结合 47 份三峡库区避灾移民迁移意愿调查问卷，涉及人口 209 人，从多角度分析比较，得出迁移意愿与人口年龄、原居住房屋情况、医疗保险参与情况等直接关联，分析发现，由于农户家庭没有从事林业、加工业和商业，普遍收入不高，生活水平低下，直接结果就是愿意迁移的家庭所占的比例高达 77%；调查发现，移民家庭愿意搬迁但希望政策合适，普遍向往迁入县城；普遍愿意按房屋面积、结构测算补偿；普遍担心因失去土地或房屋拆迁造成经济损失；普遍关心医疗保险。

研究建立了计量模型，选择 5 大类、15 个变量，运用 SPSS 16.0 软件进行 Logistic 回归分析，进一步分析了移民意愿结果 Y，受多因素 X_m 影响程度，验证了方法的有效性，进一步得出年龄、老龄人口数量、原居住房屋面积、原住地规模、是否了解滑坡应对措施与避灾移民意愿呈负向关系，少儿数量、原居住房屋位置、高风险土地停耕面积、医疗保险参与情况与避灾移民意愿呈正向关系。移民身体状况、家庭人口数量、年人均纯收入、收入来源、居住地离乡镇距离、养老保险参与情况对避灾移民意愿影响并不显著。

第 5 章　滑坡地质灾害避灾移民迁移风险评价与管理

避灾移民是十分复杂的“人口-社会-经济-资源-环境系统”被破坏、修复、调整和重建的系统工程，存在着多重风险因素，包括社会、经济、法律、生态环境、在迁入地的适应能力与社会舆情影响等，风险因素错综复杂，互相交织，互相影响，呈现出多元化和重叠化特征。根据利益相关者理论，避灾移民涉及多种组织单位（或群体）及个体权益联结和风险责任，有自愿型利益相关者和非自愿型利益相关者等各类利益相关者类型，本章在 3.2.3 节讨论的基础上，结合实际案例，从移民主体出发，着重研究构建避灾移民迁移风险评价指标体系，针对避灾移民风险因素具有不确定性及评价指标间相互影响等情况，通过评价方法优势对比，寻找客观的评价模型及方法，辨识风险因素，以支持风险管理决策。

5.1　移民迁移风险评价指标体系

5.1.1　选择移民迁移风险体系评价指标的一般原则

建立避灾移民风险评价指标体系要有通用性和指导性，实际项目可以根据具体特征对指标体系进行取舍和优化，以建立适合实际项目应用、具有自身代表性、能客观全面地反映该项目特点、可操作和适用的指标体系。构建的指标体系应遵循以下原则（程鹏立和李红远，2009；高杨，2012）。

第一，评价指标的代表性原则。所选指标要能充分代表人口迁移某方面的特性。

第二，评价指标的全面性原则。评价指标力求全面和概括地反映人口迁移综合因素的影响，反映人口迁移的实际情况和独特性。但是，往往全面性与代表性是一对矛盾，要满足全面性，就要增加指标数目，增加了指标数目后，由于指标之间的非独立性，指标之间的相关性将会增大；反之，将影响指标的代表性。这一矛盾目前尚未达到有机的融合，难以准确地衡量指标体系的有效程度。

第三，评价指标的可操作性原则。指标体系过于复杂或过于简单都无法体现评价对象的内涵，对开展评价工作不利。

第四，评价指标的普适性原则。人口迁移效果是多种因素综合作用的结果，由于自然条件、基础实施状况、人文环境和政策效应等的不同，评价实效会受到影响。

5.1.2　滑坡灾害避灾移民迁移风险评价指标体系的建立

目前，国内学界研究较多的移民重大工程有水库移民、生态移民和扶贫移民等，并为此构建了较全面的移民迁移风险评价指标体系。例如，文献（施国庆，2006）研究了移民的社会影响，高度概括了影响的 13 个方面：土地资源、劳动生产经营技能、人力资本、社会关系网络、族群冲突、社会活动、财产权利、贫困、社会公平、社会性别、弱势群体、社会环境、文化财产；世界银行 Michael M. Cernea 博士将非自愿移民安置中的主要风险归纳为 7 种（唐传利和施国庆，2002），分别是失去土地、失业、失去家园、边缘化、缺乏生活保障、失去享有公共财产和服务的权利、社区解体。

避灾移民既具有一般移民的共性，又具有避灾移民自身的特殊性；既具有非自愿性移民的特点，又可在一定条件（灾害发生）下转化为自愿性移民。目前，对避灾移民风险评价研究不多，还没有一个比较完整的避灾移民风险影响评价指标体系。有学者在对避灾移民的社会影响评价研究中（高杨，2012），将其归纳为经济、文化、环境三个方面的影响，建立了移民生活质量、人际关系等六个二级指标，移民心理压力、义务教育、社会保障、土地资源综合利用率等 37 个三级评价指标；然而，避灾移民迁移风险还有其他因素，如移民对灾害风险的认知和重视程度等，否则即使移民出去，也会造成移民返流。由于避灾移民项目在时间上具有长期性，随着国家财政能力大幅提高、政策方针改革发展、政府的指导思想更加以人为本，可能会出现移民政策变化，出现前后移民过程执行的政策差异。比如，土地问题，新政策下农民可以进行土地流转，也就是说移民异地安置或进入城镇安置，可以无须放弃原籍土地（也可以在迁入地分配土地），其迁出地原有的土地可以进行流转，享受流转的固定收益，从而获得更多财产权利。又如原先的“农转非”安置，新政策下取消了农业户口与城镇户口的区别，二者享有同等的基本公共服务，且农民进城落户不得要求退出“三权”（即土地经营承包权、宅基地使用权、集体收益分配权），而新政策前的移民却不能享受新政策带来的红利，由此会有前后政策不一致带来的风险。

分析认为：在移民安置地，要努力保证不破坏安置地的生态环境及实现移民的就业与安居乐业；要避免移民安置对当地造成新的生态灾难；要综合考虑移民人居及生态环境和可持续发展；要有效解决移民就业人口比率和就业质量等问题，使移民真正感受到既规避了灾害风险，又能享受到“移”带来的“红利”。根据笔者对湖北、重庆等地避灾移民的调研，以及国际、国内的文献检索发现，虽然各地有着自己的特殊情况，对避灾移民的影响因素千差万别，但总体而言，都有很多共性的影响因素。其中，滑坡地质灾害避灾移民作为一个系统工程，其系统性表征为：滑坡地质灾害避灾移民风险影响评价指标作为一个大系统，由若干个子系统构成，每个子系统反映滑坡地质灾害避灾移民某一方面的特征，每个子系统之间又有相互联系和作用（Tosun，2005；Vanclay，2002）。因此，在指标选取过程中，既要选取最直接反映滑坡地质灾害避灾移民风险影响的基础指标，又要选取能反映滑坡地质灾害避灾移民风险影响的抽象和总结性指标，以满足指标选择的科学性和完备性。

本书根据对三峡库区避灾移民数据的调研情况及其移民潜在影响等分析，提出滑坡灾害避灾移民风险评价指标体系如表 5.1 所示，该体系有 5 个一级指标，15 个二级指标。

表 5.1　三峡库区滑坡灾害避灾移民风险评价指标体系

总指标	一级指标	二级指标
C 滑坡灾害避灾移民风险	C_1社会发展风险	c_{11}　社区服务网络健全率
		c_{12}　移民社会保障满意程度
		c_{13}　移民边缘化程度
	C_2经济发展风险	c_{21}　移民年人均收入增长率
		c_{22}　恩格尔系数
		c_{23}　移民就业率
	C_3政策法规风险	c_{31}　避灾移民政策公平和公正性
		c_{32}　避灾移民政策的连续性
	C_4生态环境风险	c_{41}　规避二次灾害风险的能力
		c_{42}　迁入地自然资源的承载能力
		c_{43}　环境可持续发展能力
	C_5心理、舆情风险	c_{51}　移民在迁入地的融合程度
		c_{52}　舆情监管能力
		c_{53}　移民信访率
		c_{54}　突发事件预案与应急响应能力

该指标体系尤其引入了心理适应与舆情影响因素，其在以往地质灾害避灾移民风险影响评价指标体系中很少见到，主要在于人们的认识还不到位，更多的只是关注避灾移民的物质生活及生产恢复和公共资源配置问题，而往往忽略移民的心理因素。但是，在实际工作中，心理因素影响却是致命的，而且更容易产生极端行为。因此，考虑到移民群体从世代居住地搬迁到文化、习俗可能完全不同的环境中，心理适应需要一个漫长的过程，所以，在指标体系中，将心理适应作为一个指标纳入，以便更加体现“以人为本”的现代理念，作为迁出和迁入地政府制定移民规划时考量的重要指标。

1. 社会发展风险 C_1

（1）社区服务网络健全率 c_{11}。指迁入社区的基础设施建设及社区所提供的各种服务环境的健全程度。健全的社区服务网络可以在第一时间解决移民面临的问题。

（2）移民社会保障满意程度 c_{12}。指避灾移民对参与社会保障程度、范围的满意程度，反映了社会保障工作对于避灾移民群体发展扶持的重要性。

（3）移民边缘化程度 c_{13}。指避灾移民被主流（主流社会、主流人群、主流意识形态、主流文化、主流经济等）所排斥、不包容的程度。如果移民群体被边缘化，则会导致移民利益受损，又因得不到主流社会认同，从而导致极端事件发生。

2. 经济发展风险 C_2

（1）移民年人均收入增长率 c_{21}。增长率的计算参考统计年鉴。指标反映的是移民收入的变化情况，是生产、生活水平变化情况的重要指标。

（2）恩格尔系数 c_{22}。指食品支出在家庭总支出中的比重，是发展水平的测算指标，对移民群体采用恩格尔系数分析可知移民生产、生活水平在迁移过程中所受影响和恢复情况。

（3）移民就业率 c_{23}。由于避灾移民面临失业风险，移民的到来也会给安置区发展带来压力，对于资源的争夺会比较强烈，该指标也反映了当地提供的就业机会的情况。

3. 政策法规风险 C_3

（1）避灾移民政策公平和公正性 c_{31}。避灾移民政策的公平、公正可以得到社会的认可和理解，对于政府，政策的公开是政务公开的重要组成部分，体现为政策制定起点公平、过程公平、结果公平。

（2）避灾移民政策的连续性 c_{32}。避灾移民政策保持一段时期的连续性或有平稳过渡补充政策措施，政策失衡会引发移民群体事件，造成社会动荡。

4. 生态环境风险 C_4

（1）规避二次灾害风险的能力 c_{41}。指选定迁入地后，采取有效措施，对可能发生的灾害进行规避。

（2）迁入地自然资源的承载能力 c_{42}。指迁入地自然资源供给对移民需求的满足程度，由于大量移民的到来，安置地自然资源的承载压力增加，充足的自然资源可以满足移民日常生产、生活所需，而自然资源的缺乏则将导致承载能力不足，并使自然环境进一步恶化。

（3）环境可持续发展能力 c_{43}。反映了避灾移民安置对区域环境的影响程度，数据可从统计部门与环保部门获得。

5. 心理、舆情风险 C_5

（1）移民在迁入地的融合程度 c_{51}。迁徙到一个全新的地方后，语言、文化、宗族和宗教等都会出现严重的不适应，移民心理压力大，难以与当地居民融合，对于远迁家庭更是如此。如果在安置地的归属感强烈，与原住居民的关系融洽，则这种心理压力就会大大释放和减轻，否则，这种压力就会越来越大，直至走向极端。

（2）舆情监管能力 c_{52}。为有效应对舆情影响，需要政府有关部门建立高效的舆情监管体系，包括社会矛盾预警监控体系、社会安全网络与信息体系及社会稳定风险评估体系的构建，需要政府加大硬件投入和人员的培训，通过整合各部门资源构建起一套防控机制，在群体性事件还处在初期时就及时通过大量工作，将事件处置在萌芽状态，有效降低防控成本。

（3）移民信访率 c_{53}。指移民对移民政策或移民工作人员的工作等不满意时，通过信访向有关部门或领导进行上访。这个指标可以集中反映移民对政府、政策和工作人员的满意度。如果信访率过高，表明移民工作存在重大问题。

（4）突发事件预案与应急响应能力 c_{54}。在移民工作全过程中，会因各种各样的原因酿成一些突发事件，如果对这类突发事件处理不当，有可能会造成更大的事件，从而引发社会动荡。

5.2 网络分析法及其模型

目前，在各类工程风险评价研究中常见的方法有主观评分法、决策树法、故障树分析法、模糊综合评价、层次分析法、网络分析法及模糊网络分析法（Fuzzy-Analytic Network Process，F-ANP）等，但是，没有一种简单而通用的方法能适合所有项目的风险分析，需要结合实际项目情况进行具体分析，采用适合的方法加以处理。在项目风险评价研究领域，研究多学科交叉融合的评价方法已经成为本领域未来的发展方向。

5.2.1　网络分析法的特点

近年来针对工程移民、生态移民等移民风险评价问题所发表的文章表明，学者们大都采用层次分析法、网络分析法和模糊网络分析法等三种评价方法。从数据库检索文献可知，应用层次分析法的文章非常普遍。网络分析法和模糊网络分析法在理论与实践的研究中也得到了发展。

由于实际的系统多为网络结构，而层次分析法只是讨论了系统的层次结构。因此，Saaty 教授又在 1996 年出版了《网络分析法》一书，对开始兴起的网络分析法做理论和应用研究。网络分析法的决策原理与层次分析法的决策原理基本相同，不同的是网络分析法依赖的是网络结构模型，解决了因素间的相互影响和下层因素对上层因素的反馈作用。而层次分析法依赖的是层次结构模型，不能解决因素间相互影响的问题。网络分析法是一种能用来处理因素间具有依赖关系和上下层之间具有反馈关系的复杂决策问题的定量化方法，是层次分析法在依赖和反馈问题中的延伸。樊蓓蓓（2011）在《基于网络分析法的模块化产品平台关键技术研究》中将网络分析法应用于零部件模块通用性的度量方法，以及如何构建产品族主结构，为建立模块化产品平台奠定了基础。唐小丽等（2005）在《基于网络分析法的项目风险管理》中，计算出了各因素对总目标的影响程度排序向量，从而得出了哪些因素是影响项目总风险的关键因素。陈志祥（2004）利用网络分析法建立了供需绩效综合评价模型，在物流、信息流、资金流和工作流等方面进行了供需协调综合评价。

模糊网络分析法是一种能处理不确定性和含糊性的复杂问题的定量化方法，是在不确定性和含糊性问题中的延伸，该分析法的决策原理基于模糊综合评判决策思想，在权重的确定上，用三角模糊数来表示两两判断矩阵，基于网络分析法来构造模糊超矩阵。唐小丽（2007）将模糊网络分析法运用于大型工程项目风险评估，计算和推导出了各风险因素的权重，得出了项目风险的评估级别。三种评价方法比较如表 5.2 所示。

表 5.2　三种评价方法比较

比较类别	层次分析法	网络分析法	模糊网络分析法
模型结构	层次结构	网络结构，更接近于实际	网络结构，更接近于实际
因素间关系	上层因素对下层因素的影响和支配作用，而同一层次因素间相互独立，互不发生影响	不仅有上层因素对下层因素的影响和支配作用，而且有下层因素对上层因素的反馈作用，可以反映同层次因素间的相互影响	能够处理不确定性和含糊性的复杂问题的定量化方法，具有网络分析法的因素间关系，需要较高的数学知识
计算量	不大	中等	非常大
分析方法	定性与定量相结合	定性与定量相结合	定性与定量相结合

由表 5.1 可知，避灾移民迁移风险涉及自然环境、社会、经济、文化、政治、宗教、心理、工程技术等众多领域，有主体因素（移民本身）、客体因素（政府扶持政策、公共服务、基础设施等）和载体因素（外部生态环境、灾害等），这些风险均存在着众多不确定因素，且相互交织影响，在风险评价中很难运用传统的数学模型来描述，更难以通过科学计算进行精确的量化分析。由表 5.2 可见，网络分析法可以解决层次分析法的不足，它在层次分析法的基础上发展起来，可以有效地解决系统不同层次间因素反馈，以及同一层次影响因素之间互相依存和相互影响的问题，相比模糊网络分析法计算量要小，因此，本书采用网络分析法，推算风险影响要素权重大小，并排序，以确定影响避灾移民迁移风险的关键因素，辅助分析。

5.2.2　网络分析法的算法模型

网络分析法构建的网络结构模型如图 5.1 所示（Harker，1985），主要由控制层和网络层构成。

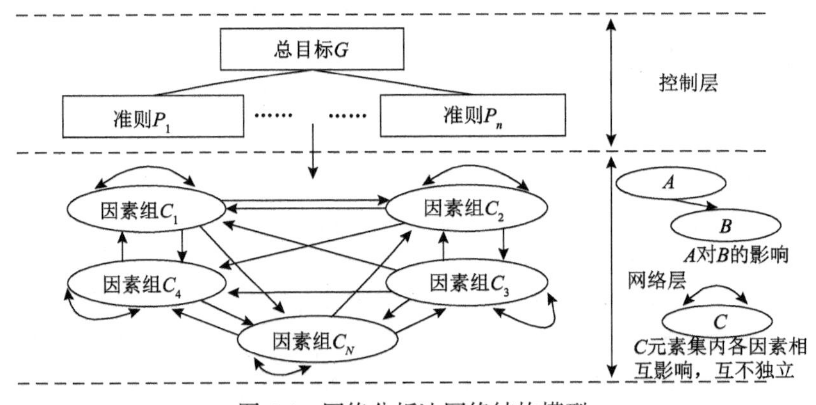

图 5.1　网络分析法网络结构模型

控制层包括问题目标及决策准则，所有的决策准则被认为是彼此独立的，只受目标支配，可采用传统的层次分析法判断比较方式获得权重；网络层由互相依存、互相支配、具有反馈能力的因素构成，因素和层次之间内部不独立，采用的方法是给出一个准则，对两个因素在准则下对第三个因素的影响程度进行比较（王莲芬，2001）。由于因素之间是相互依存的，被比较的因素之间并非独立，因此，两两因素相比可以采取直接优势度比较方式或间接优势度比较方式。

（1）直接优势度比较。给定准则，将两因素对于该准则的重要程度进行比较，这种方式比较适合因素间相互独立的情况。

（2）间接优势度比较。给定准则，将两因素在该准则下对第三个因素（称为次准则）的影响程度进行比较，这种方式比较适合因素间相互依存的情况。因此，本书选取间接优势度比较方法。

网络分析法在决策原理上类似层次分析法，但分析过程依赖网络结构模型，其模型的复杂性高于层次结构，强调的是同一层次因素之间的相互影响及层次之间的依赖与反馈影响。网络分析法有助于解决不能简单地由层次结构模型表述的决策问题。

下面，详细介绍网络分析法的指标判断矩阵与特征向量值、矩阵一致性检验、超级矩阵构建、超级矩阵加权、极限相对排序向量等算法过程。

1. 判断矩阵与特征向量值

采用间接优势度方法表示出两个方案对第三个方案（次准则）的相应的重要性程度等级。为使矩阵中各要素的重要性能够定量显示，引进了矩阵判断标度（1～9 标度法）（唐小丽，2007），如表 5.3 所示。

表 5.3　指标判断矩阵标度表

序号	因素比因素	标度值
1	同等重要	1
2	较重要	3
3	较强重要	5
4	强烈重要	7
5	极端重要	9
6	上述两相邻判断的中间值	2，4，6，8
7	上述标度值倒数	1，1/2，1/3，…，1/9

假设图 5.1 控制层中有准则 P_1, …, P_n，网络层有因素组 C_1, …, C_N，其中 C_i 中有因素 e_{i1}, …, e_{ini}, i=1, …, N，以准则层元素 P_s（s=1, …, m）为准则，以 C_j 中因素 e_{j1}（j=1, …, n_j）为次准则，因素组 C_i 中各因素按其对 e_{j1} 的影响力大小进行间接优势度比较，从而构造 P_s 下的判断矩阵。

e_{j1}	$e_{i1}, e_{i2}, e_{i3}, e_{i4}, e_{i5}$ ⋯ e_{ini}	归一化特征向量
e_{i1}		$\omega_{i1}^{(ji)}$
e_{i2}		
e_{i3}		
e_{i4}		⋮
e_{i5}		
⋮		$\omega_{ini}^{(ji)}$
e_{ini}		

对于网络分析法中判断矩阵求解，一般可以采用特征根法求出特征向量（唐小丽，2007），具体步骤如下。

设元素 i 和元素 j 的重要性之比为 A_{ij}，那么，反向比较则为 $A_{ji}=1/A_{ij}$，对于判断矩阵 A，根据式（5.1）计算矩阵的特征向量和最大特征值。

$$AW=\lambda_{\max}W \tag{5.1}$$

式中 $\lambda_{\max}$ 为判断矩阵 A 的最大特征值，W 为对应于 $\lambda_{\max}$ 的特征向量，W 的分量为 ω_i 相应元素单排序的权值。

对向量 $\tilde{\omega}_i$ 归一化处理，得

$$\omega_i=\tilde{\omega}_i/\sum\tilde{\omega}_i \tag{5.2}$$

其特征向量和最大特征值为

$$\omega=(\omega_1,\omega_2,\cdots\omega_n)^{\mathrm{T}} \tag{5.3}$$

$$\lambda=\frac{1}{n}\sum_{i=1}^{n}\frac{(c\omega)_i}{\omega_i} \tag{5.4}$$

2. 矩阵一致性检验

一般情况，成对比较矩阵通常不是一致性矩阵，但是，不一致性矩阵应要求在容许范围之内。

定义一致性指标：

$$\mathrm{CI}=\frac{\lambda_{\max}-n}{n-1} \tag{5.5}$$

当 CI=0 时，C 为一致性矩阵，CI 越小，C 一致性越好；否则，C 的不一致程度越严重。

如果判断矩阵是多阶的，则引入平均随机一致性指标 RI，RI 的判断值如表 5.4 所示，定义 CI 与 RI 之比称为随机一致性比率 CR，如式（5.6）所示。

$$\mathrm{CR}=\frac{\mathrm{CI}}{\mathrm{RI}} \tag{5.6}$$

当 CR<0.1 时，认为 C 的不一致在允许范围内，反之则要调整矩阵的元素值。

表 5.4　RI 判断值

维数 n	1	2	3	4	5	6	7	8	9
RI	0	0	0.58	0.9	1.12	1.24	1.32	1.41	1.45

3. 超级矩阵构建

排序向量（$\omega_{i1}^{(ji)}$，…，$\omega_{ini}^{(ji)}$），记 W_{ij} 为：

$$W_{ij}=\begin{bmatrix}\omega_{i1}^{(j1)} & \omega_{i1}^{(j2)} & \cdots & \omega_{i1}^{(jnj)}\\ \omega_{i2}^{(j1)} & \omega_{i2}^{(j2)} & \cdots & \omega_{i2}^{(jnj)}\\ \vdots & \vdots & & \vdots\\ \omega_{ini}^{(j1)} & \omega_{ini}^{(j2)} & \cdots & \omega_{ini}^{(jnj)}\end{bmatrix} \tag{5.7}$$

式（5.7）中，列向量反映了 P_s 下 C_1 中因素 e_{i1}，e_{i2}，…，e_{ini} 对 C_j 中的各因素 e_{j1}，e_{j2}，…，e_{jni} 的影响程度排序，如果 W_{ij}=0，则表明 C_j 中因素不受 C_1 中各因素影响。依次类推可得 P_s 下的超级矩阵 W。

共有 m 个超级矩阵，且均为非负矩阵，各子块 W_{ij} 是按列归一化的，但 W 非列归一化。

$$W=\begin{bmatrix} W_{11} & \cdots & W_{1N} \\ & \vdots & \\ W_{N1} & \cdots & W_{NN} \end{bmatrix} \tag{5.8}$$

4. 超级矩阵加权

以 P_S 为准则，P_S 下各因素组对准则 C_j（j=1，…，N）的重要性进行比较，可得：

C_j	C_1 … C_N	排序向量（归一化特征向量）
C_1 ⋮ C_N	⋮ j=1, 2, …, N	a_{1j} a_{Nj}

与 C_j 无关的元素组对应的排序向量分量为零，则加权矩阵为

$$A=\begin{bmatrix} a_{11} & \cdots & a_{1N} \\ & \vdots & \\ a_{N1} & \cdots & a_{NN} \end{bmatrix} \tag{5.9}$$

对超级矩阵 W 的元素加权，可得 $\bar{W}=(\bar{W}_{ij})$，其中

$$\bar{W}_{ij}=a_{ij}W_{ij} \qquad i=1,\ \cdots, N;\ j=1,\ \cdots, N \tag{5.10}$$

$\bar{W}$ 为加权超级矩阵，其列和为 1。为了简便，后面超级矩阵都认为是加权矩阵，并用符号 W 表示。

5. 极限相对排序向量

设加权超级矩阵 W 的元素为 W_{ij}，则 W_{ij} 的大小反映了元素 i 对元素 j 的一步优势度，元素 i 对元素 j 的优势度通过下式：

$$\sum_{k=1}^{n} W_{ik}W_{kj} \tag{5.11}$$

得到，则称为二步优势度，它是 W^2 的元素，W^2 仍是列归一化的。当

$$\lim_{t\to\infty} w^n \tag{5.12}$$

存在时，W 的第 j 列就是 P_S 下网络层中各元素对于元素 j 的极限相对排序向量。

网络分析法求出超级矩阵的解，即为总目标下的权重向量，也就是该项目影响因素风险值的排序。

5.3 案例分析：三峡库区滑坡灾害避灾移民迁移风险评价分析

5.3.1 案例基本情况

本节针对三峡库区重庆所属 14 个区县进行滑坡灾害避灾移民风险评价实证。《重庆市三峡库区后续工作实施规划（2011—2014 年）》涉及 489 个滑坡体，规划移民搬迁 11 687 户 42 065 人，其中农村人口 41 599 人（含农业人口 36 617 人，非农业人口 4982 人），城（集）镇人口 466 人，区县人口移民迁移情况如表 5.5 所示。

表 5.5　重庆市三峡库区所属区县滑坡灾害避灾移民人口情况

序号	区县	滑坡体个数	总户数	总人数	分居住区域				分户籍范围						
					农村人口			城/集镇人口	户籍在本村组人口	总人口中户籍不在本村组人口					
					小计	农业	非农业			小计	婚迁	新生儿	外出读书	参军	其他
1	A1	88	2 008	8 755	8 755	7 995	760	0	8 154	601	180	66	22	4	329
2	A2	6	54	236	236	236	0	0	236	0	0	0	0	0	0
3	A3	26	1 471	5 285	5 285	4 693	592	0	5 100	185	84	30	8	2	61
4	A4	63	1 347	4 898	4 898	4 563	335	0	4 878	20	1	1	0	0	18
5	A5	99	2 986	9 641	9 641	8 078	1 563	0	8 872	769	43	17	15	2	692
6	A6	20	519	1 990	1 990	1 814	176	0	1 960	30	11	8	4	1	6
7	A7	66	1 230	3 985	3 814	3 611	203	171	3 802	183	31	8	5	2	137
8	A8	1	41	208	208	164	44	0	181	27	0	0	0	0	27
9	A9	38	875	2 900	2 900	2 435	465	0	2 501	399	2	8	3	1	385
10	A10	51	580	2 201	1 906	1 494	412	295	2 080	121	4	0	0	0	117
11	A11	8	205	867	867	710	157	0	808	59	33	16	1	0	9
12	A12	16	227	664	664	525	139	0	603	61	22	12	0	0	27
13	A13	3	41	148	148	127	21	0	122	26	1	0	0	0	25
14	A14	4	103	287	287	172	115	0	276	11	3	0	2	0	6
合计		489	11 687	42 065	41 599	36 617	4 982	466	39 573	2 492	415	166	60	12	1 839

重庆市三峡库区滑坡灾害避灾移民除具有普遍意义上的移民潜在风险因素外，还存在多重特殊性影响因素，表现在以下四个方面。

第一，滑坡灾害的不确定性影响移民搬迁意愿。一方面，三峡库区地形、地貌与岸坡地质结构复杂，随着水库蓄水至 175m 后及周期性涨落，引发滑坡、塌岸等地质灾害的风险增加，威胁人居安全，需要搬迁，特别是有些原先作为移民安置区的地方也出现了滑坡，可能造成移民再一次迁移，对移民形成二次灾害。另一方面，由于滑坡灾害具有渐近性、随机性和难以预测性，一旦发生，来势凶猛，对人民的生命、财产造成严重损失。但是，灾害何时发生，发生到什么程度，究竟对原住居民的生命、财产造成什么样的伤害，事先难以作出预测，导致原居住居民不相信或不愿意相信灾害就会降临到自己所居住、生活的这块区域，因此，搬迁意愿随着对灾害风险的认知不同出现波动。再者，移民毕竟要离开祖祖辈辈生活的土地，从一个熟悉环境到另一个完全陌生的环境去重新开始新的生活，想象中的困难就数不胜数，可能会产生生活、生产、文化、风俗等方面的不适应，所以移民搬迁意愿会受挫或出现波动。特别是若干年后发现原住地并未发生滑坡地质灾害，甚至产生一种上当的感觉，导致出现回迁现象。

第二，移民人口成分多元化，导致安置方式复杂化。国内很多地方的避灾移民（如陕南避灾移民等）主要是农村移民，而重庆三峡库区移民则涉及农村居民和城镇居民，其中城镇迁移居民占总迁移人数的 1.11%。由于移民人口成分多元化，需要采取多样化的安置方式，安置方式有别于库区初期的水库移民后靠安置方式，在部分移民的安置去向上鼓励搬迁进城（集）镇，农转非安置，由于避灾的特殊性而不能采用后靠安置，造成政府安置成本和移民家庭支出的增加，对于贫困移民而言可能会加深贫困程度。

第三，库区安置能力有限，存在次生贫困风险。“产业空虚化”造成移民就业困难，生存和发展空间受到限制。避险搬迁安置由于房屋补偿标准偏低、物价上涨等原因，可能超出群众经济承受能力，出现无建（购）房资金或建（购）房致贫现象。一部分群体失去土地后，收入会减少，加之城市生活开销大，导致其生活困难。对于部分拆房、退地、户籍农转非整户进入城（集）镇的地灾人口来说，势必会出现年龄偏大、贫困等弱势群体进入城（集）镇后，成为城（集）镇中的新贫困群体。此外，库区本地经济发展对劳动力就业能力容纳不够，再加上部分群众文化程度偏低、缺乏就业技能，进入城（集）镇后，出现就业不稳定或无法就业现象，导致次生贫困。

第四，库区生态环境容量有限，存在环境恶化风险。随着大批移民的安置，非法人类工程活动如随意砍伐、非法开采、坡体堆载、灌溉渗漏等，都将造成生态环境严重恶化。

5.3.2　迁移风险网络分析法评价

根据本书提出的滑坡灾害避灾移民风险评价指标体系（表 5.1）建立的案例评价网络分析法模型如图 5.2 所示。

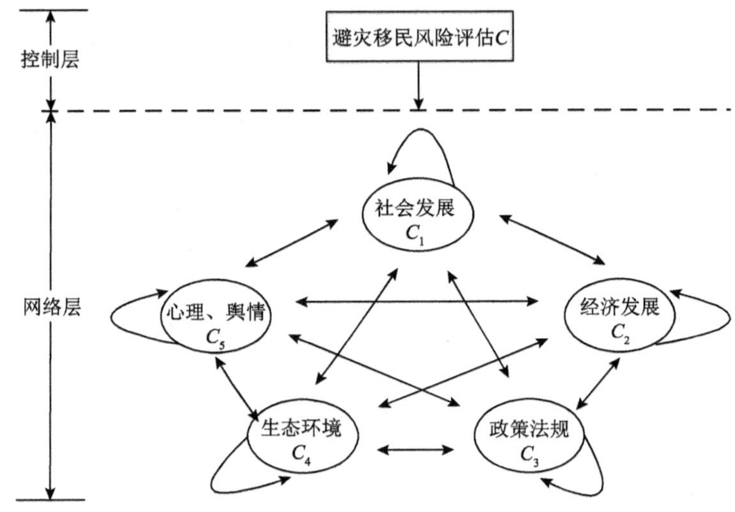

图 5.2　案例评价网络分析模型

其中，C——总目标；C_1——社会发展风险；C_2——经济发展风险；C_3——政策法规风险；C_4——生态环境风险；C_5——心理、舆情风险。

评价中，选择熟悉各区县避灾移民情况的工作人员、移民和专家、学者等组成专家小组，为避免误差过大，根据单数原则选择 11 位专家，以问卷形式发放调查表并回收、整理。具体评价如下。

按表 5.3 中 1～9 标度构建判断矩阵，权重指标计算分为元素集内指标之间和元素组之间两部分进行。

1. 元素集内 C_1～C_5 权重指标计算

首先分析社会风险集 C_1，有关 C_2～C_5 集分析方法类同。

以元素 c_{11}（社会服务网络健全率）为准则，元素集 C_1（社会发展风险）中的元素 c_{11}（社会服务网络健全率）、c_{12}（移民社会保障满意程度）、c_{13}（移民边缘化程度）按照其对 c_{11}（社会服务网络健全率）影响的大小进行间接优势度比较。请各位专家根据自己的认知程度和经验进行赋值，然后对每一个值求出所有专家赋值的平均值，小数点后保留两位，之后计算出权重向量。

在元素 c_{11} 准则下，矩阵第一行元素 c_{11} 与第一列元素 c_{11} 间接优势度比较其重要性相同，其余类推。表 5.6 所示为某一位专家的赋值，表 5.7 为所有专家的平均赋值统计。

表 5.6　以 c_{11} 为准则，元素集 C_1 内间接优势度比较（专家）

c_{11}	c_{11}	c_{12}	c_{13}
c_{11}	1	3	1/3
c_{12}	1/3	1	1/4
c_{13}	3	4	1

表 5.7　以 c_{11} 为准则，元素集 C_1 内间接优势度比较（专家平均值）

c_{11}	c_{11}	c_{12}	c_{13}
c_{11}	1	2.33	0.38
c_{12}	0.43	1	0.31
c_{13}	2.6	3.2	1

下面计算权重向量，矩阵 C 表示为

$$C=\begin{bmatrix} 1 & 2.33 & 0.38 \\ 0.43 & 1 & 0.31 \\ 2.6 & 3.2 & 1 \end{bmatrix} \tag{5.13}$$

对上述矩阵进行列向量归一化，可得

$$W=\begin{bmatrix} 0.25 & 0.36 & 0.22 \\ 0.11 & 0.15 & 0.18 \\ 0.65 & 0.49 & 0.59 \end{bmatrix} \tag{5.14}$$

对式（5.14）按行求和，可得

$$U=\begin{bmatrix} 0.83 \\ 0.44 \\ 1.73 \end{bmatrix} \tag{5.15}$$

对式（5.15）归一化：

$$\left(w_{11}^{(11)},\ w_{12}^{(11)},\ w_{13}^{(11)}\right)^{\mathrm{T}}=\left(0.28,\ 0.15,\ 0.58\right)^{\mathrm{T}} \tag{5.16}$$

式（5.16）在元素 c_{11} 准则下，元素集 C_1 中各元素对 c_{11} 影响程度权重向量，如表 5.8。

表 5.8　以 c_{11} 为准则，元素集 C_1 内间接优势度比较及权重向量

c_{11}	c_{11}	c_{12}	c_{13}	权重向量
c_{11}	1	2.33	0.38	0.28
c_{12}	0.43	1	0.31	0.15
c_{13}	2.6	3.2	1	0.58

进一步根据式（5.5）可求出最大特征根为：λ_{max}=3.04。根据式（5.6）进行一致性检验，可得 CI=0.02，且 CR=0.034<0.1。可见，判断矩阵具有满意的一致性。同理进行以下计算：

以元素 c_{12}（移民社会保障满意程度）为准则，元素集 C_1（社会发展风险）中的元素 c_{11}（社会服务网络健全率）、c_{12}（移民社会保障满意程度）、c_{13}（移民边缘化程度）按照其对 c_{12}（移民社会保障满意程度）影响的大小进行间接优势度比较，根据专家的赋值并计算出平均值，从而计算出权重向量，如表 5.9 所示。

表 5.9　以 c_{12} 为准则，元素集 C_1 内间接优势度比较及权重向量

c_{12}	c_{11}	c_{12}	c_{13}	权重向量
c_{11}	1	1.49	0.44	0.26
c_{12}	0.67	1	0.35	0.19
c_{13}	2.25	2.86	1	0.55

根据特征根法，求得权重向量：

$$(w_{11}^{(12)}, w_{12}^{(12)}, w_{13}^{(12)})^{T}=(0.26, 0.19, 0.55)^{T} \tag{5.17}$$

即在元素 c_{12} 准则下，元素集 C_1 中的元素 c_{11}、c_{12}、c_{13} 对元素 c_{12} 的影响程度排序向量，求得 λ_{max}=3，CI=0，CR=0<0.1。

以元素 c_{13}（移民边缘化程度）为准则，元素集 C_1（社会发展风险）中的元素 c_{11}（社会服务网络健全率）、c_{12}（移民社会保障满意程度）、c_{13}（移民边缘化程度）按照其对 c_{13}（移民边缘化程度）影响的大小进行间接优势度比较，根据专家的赋值并计算出平均值，从而计算出权重向量，如表 5.10 所示。

表 5.10　以 c_{13} 为准则，元素集 C_1 内间接优势度比较及权重向量

c_{13}	c_{11}	c_{12}	c_{13}	权重向量
c_{11}	1	2.78	0.32	0.26
c_{12}	0.36	1	0.26	0.12
c_{13}	3.12	3.85	1	0.61

同样方法，求得权重向量：

$$(w_{11}^{(13)}, w_{12}^{(13)}, w_{13}^{(13)})^{T}=(0.26, 0.12, 0.61)^{T} \tag{5.18}$$

获得在元素 c_{13} 准则下，元素集 C_1 中的元素 c_{11}、c_{12}、c_{13} 对元素 c_{13} 的影响程度排序向量，求得 λ_{max}=3.08，CI=0.04，CR=0.069<0.1。

由以上 3 个权重向量，可计算出判断矩阵 W_{11}

$$W_{11}=\begin{bmatrix} 0.28 & 0.26 & 0.26 \\ 0.15 & 0.19 & 0.12 \\ 0.58 & 0.55 & 0.61 \end{bmatrix} \tag{5.19}$$

以上是以“社会风险”评价为样例计算出的社会风险判断矩阵 W_{11} 的推导过程，按照同样方法，可计算出判断矩阵 W_{22}（经济风险判断矩阵）、W_{33}（政策法规风险判断矩阵）、W_{44}（生态环境风险判断矩阵）、W_{55}（心理、舆情判断矩阵）。

$$W_{22}=\begin{bmatrix}0.32 & 0.28 & 0.58\\0.58 & 0.59 & 0.30\\0.10 & 0.13 & 0.12\end{bmatrix}\tag{5.20}$$

$$W_{33}=\begin{bmatrix}0.2 & 0.17\\0.8 & 0.83\end{bmatrix}\tag{5.21}$$

$$W_{44}=\begin{bmatrix}0.68 & 0.68 & 0.52\\0.12 & 0.15 & 0.14\\0.20 & 0.17 & 0.33\end{bmatrix}\tag{5.22}$$

$$W_{55}=\begin{bmatrix}0.46 & 0.40 & 0.46 & 0.40\\0.10 & 0.23 & 0.22 & 0.20\\0.17 & 0.10 & 0.09 & 0.00\\0.27 & 0.26 & 0.24 & 0.32\end{bmatrix}\tag{5.23}$$

进一步可计算出判断矩阵 W_{12}、W_{13}、W_{14}、W_{15}、W_{21}、W_{23}、W_{24}、W_{25}、W_{31}、W_{32}、W_{34}、W_{35}、W_{41}、W_{42}、W_{43}、W_{45}、W_{51}、W_{52}、W_{53}、W_{54}。

$$W_{12}=\begin{bmatrix}0.27 & 0.14 & 0.16\\0.19 & 0.29 & 0.30\\0.54 & 0.57 & 0.54\end{bmatrix}\qquad W_{13}=\begin{bmatrix}0.25 & 0.18\\0.25 & 0.18\\0.50 & 0.64\end{bmatrix}$$

$$W_{14}=\begin{bmatrix}0.12 & 0.16 & 0.17\\0.32 & 0.30 & 0.19\\0.56 & 0.54 & 0.63\end{bmatrix}\qquad W_{15}=\begin{bmatrix}0.16 & 0.17 & 0.19 & 0.24\\0.30 & 0.35 & 0.27 & 0.19\\0.54 & 0.48 & 0.54 & 0.57\end{bmatrix}$$

$$W_{21}=\begin{bmatrix}0.39 & 0.46 & 0.50\\0.31 & 0.41 & 0.15\\0.30 & 0.14 & 0.35\end{bmatrix}\qquad W_{23}=\begin{bmatrix}0.61 & 0.65\\0.32 & 0.27\\0.07 & 0.08\end{bmatrix}$$

$$W_{24}=\begin{bmatrix}0.51 & 0.53 & 0.56\\0.36 & 0.37 & 0.31\\0.13 & 0.10 & 0.13\end{bmatrix}\qquad W_{25}=\begin{bmatrix}0.51 & 0.62 & 0.58 & 0.66\\0.33 & 0.30 & 0.32 & 0.26\\0.16 & 0.08 & 0.10 & 0.08\end{bmatrix}$$

$$W_{31}=\begin{bmatrix}0.17 & 0.20 & 0.33\\0.83 & 0.80 & 0.67\end{bmatrix}\qquad W_{32}=\begin{bmatrix}0.25 & 0.20 & 0.25\\0.75 & 0.80 & 0.75\end{bmatrix}$$

$$W_{34}=\begin{bmatrix}0.20 & 0.25 & 0.17\\0.80 & 0.75 & 0.83\end{bmatrix}\qquad W_{35}=\begin{bmatrix}0.20 & 0.17 & 0.25 & 0.2\\0.80 & 0.83 & 0.75 & 0.8\end{bmatrix}$$

$$W_{41}=\begin{bmatrix}0.66 & 0.59 & 0.65\\0.13 & 0.16 & 0.12\\0.21 & 0.25 & 0.23\end{bmatrix}\qquad W_{42}=\begin{bmatrix}0.67 & 0.55 & 0.59\\0.10 & 0.17 & 0.16\\0.23 & 0.28 & 0.25\end{bmatrix}$$

$$W_{43}=\begin{bmatrix}0.52 & 0.59\\0.17 & 0.16\\0.30 & 0.25\end{bmatrix}\qquad W_{45}=\begin{bmatrix}0.62 & 0.54 & 0.61 & 0.54\\0.16 & 0.27 & 0.12 & 0.27\\0.22 & 0.19 & 0.27 & 0.19\end{bmatrix}$$

$$W_{51}=\begin{bmatrix}0.43 & 0.44 & 0.46\\0.20 & 0.21 & 0.16\\0.11 & 0.10 & 0.14\\0.26 & 0.25 & 0.24\end{bmatrix}\qquad W_{52}=\begin{bmatrix}0.30 & 0.45 & 0.41\\0.20 & 0.18 & 0.14\\0.20 & 0.13 & 0.13\\0.30 & 0.24 & 0.31\end{bmatrix}$$

$$W_{53}=\begin{bmatrix}0.40 & 0.42\\0.13 & 0.16\\0.13 & 0.16\\0.34 & 0.25\end{bmatrix}\qquad W_{54}=\begin{bmatrix}0.45 & 0.42 & 0.49\\0.13 & 0.16 & 0.12\\0.14 & 0.16 & 0.12\\0.29 & 0.25 & 0.26\end{bmatrix}$$

从而可得超级矩阵 W。

$$W=\begin{bmatrix}W_{11} & W_{12} & W_{13} & W_{14} & W_{15}\\W_{21} & W_{22} & W_{23} & W_{24} & W_{25}\\W_{31} & W_{32} & W_{33} & W_{34} & W_{35}\\W_{41} & W_{42} & W_{43} & W_{44} & W_{45}\\W_{51} & W_{52} & W_{53} & W_{54} & W_{55}\end{bmatrix}$$

$$=\begin{bmatrix}
0.28 & 0.26 & 0.26 & 0.27 & 0.14 & 0.16 & 0.25 & 0.18 & 0.12 & 0.16 & 0.17 & 0.16 & 0.17 & 0.19 & 0.24\\
0.15 & 0.19 & 0.12 & 0.19 & 0.29 & 0.30 & 0.25 & 0.18 & 0.32 & 0.30 & 0.19 & 0.30 & 0.35 & 0.27 & 0.19\\
0.58 & 0.55 & 0.61 & 0.54 & 0.57 & 0.54 & 0.50 & 0.64 & 0.56 & 0.54 & 0.63 & 0.54 & 0.48 & 0.54 & 0.57\\
0.39 & 0.46 & 0.50 & 0.32 & 0.28 & 0.58 & 0.61 & 0.65 & 0.51 & 0.53 & 0.56 & 0.51 & 0.62 & 0.58 & 0.66\\
0.31 & 0.41 & 0.15 & 0.58 & 0.59 & 0.30 & 0.32 & 0.27 & 0.36 & 0.37 & 0.31 & 0.33 & 0.30 & 0.32 & 0.26\\
0.30 & 0.14 & 0.35 & 0.10 & 0.13 & 0.12 & 0.07 & 0.08 & 0.13 & 0.10 & 0.13 & 0.16 & 0.08 & 0.10 & 0.08\\
0.17 & 0.20 & 0.33 & 0.25 & 0.20 & 0.25 & 0.20 & 0.17 & 0.20 & 0.25 & 0.17 & 0.20 & 0.17 & 0.25 & 0.20\\
0.83 & 0.80 & 0.67 & 0.75 & 0.80 & 0.75 & 0.80 & 0.83 & 0.80 & 0.75 & 0.83 & 0.80 & 0.83 & 0.75 & 0.80\\
0.66 & 0.59 & 0.65 & 0.67 & 0.55 & 0.59 & 0.52 & 0.59 & 0.68 & 0.68 & 0.52 & 0.62 & 0.54 & 0.61 & 0.54\\
0.13 & 0.16 & 0.12 & 0.10 & 0.17 & 0.16 & 0.17 & 0.16 & 0.12 & 0.15 & 0.14 & 0.16 & 0.27 & 0.12 & 0.27\\
0.21 & 0.25 & 0.23 & 0.23 & 0.28 & 0.25 & 0.30 & 0.25 & 0.20 & 0.17 & 0.33 & 0.22 & 0.19 & 0.27 & 0.19\\
0.43 & 0.44 & 0.46 & 0.30 & 0.45 & 0.41 & 0.40 & 0.42 & 0.45 & 0.42 & 0.49 & 0.46 & 0.40 & 0.46 & 0.40\\
0.20 & 0.21 & 0.16 & 0.20 & 0.18 & 0.14 & 0.13 & 0.16 & 0.13 & 0.16 & 0.12 & 0.10 & 0.23 & 0.22 & 0.20\\
0.11 & 0.10 & 0.14 & 0.20 & 0.13 & 0.13 & 0.13 & 0.16 & 0.14 & 0.16 & 0.12 & 0.17 & 0.10 & 0.09 & 0.08\\
0.26 & 0.25 & 0.24 & 0.30 & 0.24 & 0.31 & 0.34 & 0.25 & 0.29 & 0.25 & 0.26 & 0.27 & 0.26 & 0.24 & 0.32
\end{bmatrix} \tag{5.24}$$

2. 元素组之间权重指标计算

超级矩阵 W 的每一个子块 W_{ij} 是列归一化的，但是 W 却不是列归一化的，因此，需要对每个列块进行相对权重确定，即将每个元素组作为一个元素，相对某个元素组进行两两比较，判断哪一个元素组对它的影响作用更大，从而得到该元素组对其他元素组的归一化的排序向量。

元素组间权重向量计算，先以 C_1 为准则，各元素组的重要性比较及权重向量如表 5.11 所示。

表 5.11　以 C_1 为准则，元素组间比较及权重向量

C_1	C_1	C_2	C_3	C_4	C_5	权重向量
C_1	1	1.82	2.86	0.25	2.04	0.20
C_2	0.55	1	1.89	0.33	3.13	0.17
C_3	0.35	0.53	1	0.49	0.51	0.10
C_4	4.02	3.02	2.03	1	4.17	0.42
C_5	0.49	0.32	1.98	0.24	1	0.10

λ_{max}=5.44；CI=0.098<0.1，CR=0.089

同理以 C_2 为准则，元素组的重要性进行比较及权重向量如表 5.12 所示。

表 5.12　以 C_2 为准则，元素组间比较及权重向量

C_2	C_1	C_2	C_3	C_4	C_5	权重向量
C_1	1	1.87	1.96	0.33	2.70	0.21
C_2	0.53	1	0.51	0.50	4.35	0.18
C_3	0.51	1.98	1	0.48	0.49	0.15
C_4	3.05	2.02	2.07	1	2.86	0.35
C_5	0.37	0.23	2.03	0.35	1	0.12

λ_{max}=5.30；CI=0.075<0.1，CR=0.067

以 C_3 为准则，元素组的重要性进行比较及权重向量如表 5.13 所示。

表 5.13　以 C_3 为准则，元素组间比较及权重向量

C_3	C_1	C_2	C_3	C_4	C_5	权重向量
C_1	1	2.70	2.08	0.33	2.08	0.23
C_2	0.37	1	0.49	0.33	0.34	0.08
C_3	0.48	2.05	1	0.49	0.48	0.13

续表

C_3	C_1	C_2	C_3	C_4	C_5	权重向量
C_4	3.04	3.06	2.04	1	2.78	0.38
C_5	0.48	2.95	2.07	0.36	1	0.18

λ_{max}=5.27；CI=0.068<0.1，CR=0.06

以 C_4 为准则，元素组的重要性进行比较及权重向量如表 5.14 所示。

表 5.14　以 C_4 为准则，元素组间比较及权重向量

C_4	C_1	C_2	C_3	C_4	C_5	权重向量
C_1	1	2.08	0.51	0.49	4.35	0.22
C_2	0.48	1	0.33	0.33	0.34	0.08
C_3	1.96	3.06	1	0.48	0.47	0.20
C_4	2.03	3.02	2.07	1	2.86	0.33
C_5	0.23	2.92	2.12	0.35	1	0.18

λ_{max}=5.35；CI=0.088<0.1，CR=0.078

以 C_5 为准则，元素组的重要性进行比较及权重向量如表 5.15 所示。

表 5.15　以 C_5 为准则，元素组间比较及权重向量

C_5	C_1	C_2	C_3	C_4	C_5	权重向量
C_1	1	0.32	0.49	0.51	1.85	0.13
C_2	3.12	1	1.75	0.25	2.70	0.22
C_3	2.03	0.57	1	0.32	0.49	0.13
C_4	1.98	4.05	3.13	1	3.57	0.41
C_5	0.54	0.37	2.06	0.28	1	0.12

λ_{max}=5.37；CI=0.093<0.1，CR=0.083

由表 5.11～表 5.15 权重向量可得一级指标权重矩阵 A。

$$A=\begin{bmatrix} a_{11} & a_{12} & a_{13} & a_{14} & a_{15} \\ a_{21} & a_{22} & a_{23} & a_{24} & a_{25} \\ a_{31} & a_{32} & a_{33} & a_{34} & a_{35} \\ a_{41} & a_{42} & a_{43} & a_{44} & a_{45} \\ a_{51} & a_{52} & a_{53} & a_{54} & a_{55} \end{bmatrix}=\begin{bmatrix} 0.20 & 0.21 & 0.23 & 0.22 & 0.13 \\ 0.17 & 0.18 & 0.08 & 0.08 & 0.22 \\ 0.10 & 0.15 & 0.13 & 0.20 & 0.13 \\ 0.42 & 0.35 & 0.38 & 0.33 & 0.41 \\ 0.10 & 0.12 & 0.18 & 0.18 & 0.12 \end{bmatrix} \tag{5.25}$$

3. 加权超级矩阵计算

由 W、A 可得加权超级矩阵。

$$\bar{W}=a_{ij}W_{ij}=\begin{bmatrix} a_{11}W_{11} & a_{12}W_{12} & a_{13}W_{13} & a_{14}W_{14} & a_{15}W_{15} \\ a_{21}W_{21} & a_{22}W_{22} & a_{23}W_{23} & a_{24}W_{24} & a_{25}W_{25} \\ a_{31}W_{31} & a_{32}W_{32} & a_{33}W_{33} & a_{34}W_{34} & a_{35}W_{35} \\ a_{41}W_{41} & a_{42}W_{42} & a_{43}W_{43} & a_{44}W_{44} & a_{45}W_{45} \\ a_{51}W_{51} & a_{52}W_{52} & a_{53}W_{53} & a_{54}W_{54} & a_{55}W_{55} \end{bmatrix}$$

$$=\begin{bmatrix}
0.056 & 0.052 & 0.052 & 0.057 & 0.029 & 0.034 & 0.058 & 0.041 & 0.026 & 0.035 & 0.037 & 0.021 & 0.022 & 0.025 & 0.031 \\
0.030 & 0.038 & 0.024 & 0.040 & 0.061 & 0.063 & 0.058 & 0.041 & 0.070 & 0.066 & 0.042 & 0.039 & 0.046 & 0.035 & 0.025 \\
0.116 & 0.110 & 0.122 & 0.113 & 0.120 & 0.113 & 0.115 & 0.147 & 0.123 & 0.119 & 0.139 & 0.070 & 0.062 & 0.070 & 0.074 \\
0.066 & 0.078 & 0.085 & 0.058 & 0.050 & 0.104 & 0.049 & 0.052 & 0.041 & 0.042 & 0.045 & 0.112 & 0.136 & 0.128 & 0.145 \\
0.053 & 0.070 & 0.026 & 0.104 & 0.106 & 0.054 & 0.026 & 0.022 & 0.029 & 0.030 & 0.025 & 0.073 & 0.066 & 0.070 & 0.057 \\
0.051 & 0.024 & 0.059 & 0.018 & 0.023 & 0.022 & 0.006 & 0.006 & 0.010 & 0.008 & 0.010 & 0.035 & 0.018 & 0.022 & 0.018 \\
0.017 & 0.020 & 0.033 & 0.038 & 0.030 & 0.038 & 0.026 & 0.022 & 0.040 & 0.050 & 0.034 & 0.026 & 0.022 & 0.033 & 0.026 \\
0.083 & 0.080 & 0.067 & 0.112 & 0.120 & 0.112 & 0.104 & 0.108 & 0.160 & 0.150 & 0.166 & 0.104 & 0.108 & 0.098 & 0.104 \\
0.277 & 0.248 & 0.273 & 0.234 & 0.193 & 0.206 & 0.198 & 0.224 & 0.224 & 0.224 & 0.172 & 0.254 & 0.221 & 0.250 & 0.221 \\
0.055 & 0.067 & 0.050 & 0.035 & 0.059 & 0.056 & 0.065 & 0.061 & 0.040 & 0.050 & 0.046 & 0.066 & 0.111 & 0.049 & 0.111 \\
0.088 & 0.105 & 0.097 & 0.081 & 0.098 & 0.087 & 0.114 & 0.095 & 0.066 & 0.056 & 0.109 & 0.090 & 0.078 & 0.111 & 0.078 \\
0.043 & 0.044 & 0.046 & 0.036 & 0.054 & 0.049 & 0.072 & 0.076 & 0.081 & 0.076 & 0.088 & 0.055 & 0.048 & 0.055 & 0.048 \\
0.020 & 0.021 & 0.016 & 0.024 & 0.022 & 0.017 & 0.023 & 0.029 & 0.023 & 0.029 & 0.022 & 0.012 & 0.028 & 0.026 & 0.024 \\
0.011 & 0.010 & 0.014 & 0.024 & 0.016 & 0.016 & 0.023 & 0.029 & 0.025 & 0.029 & 0.022 & 0.020 & 0.012 & 0.011 & 0.010 \\
0.026 & 0.025 & 0.024 & 0.036 & 0.029 & 0.037 & 0.061 & 0.045 & 0.052 & 0.045 & 0.047 & 0.032 & 0.031 & 0.029 & 0.038
\end{bmatrix} \tag{5.26}$$

求出 $\bar{W}$ 对应于 1 的归一化特征向量 W^{∞}。

$$W^{\infty}=(0.038\ 0.045\ 0.107\ 0.079\ 0.054\ 0.022\ 0.030\ 0.111\ 0.227\ 0.061\ 0.090\ 0.058\ 0.023\ 0.018\ 0.037)^{\mathrm{T}} \tag{5.27}$$

由此可得，总目标 C 最终的权重结果与各因素指标体系对应如表 5.16 所示。

表 5.16　移民迁移风险案例评价指标权重结果

序号	指标	权重
1	c_{11} 社区服务网络健全率	0.038
2	c_{12} 移民社会保障满意程度	0.045
3	c_{13} 移民边缘化程度	0.107
4	c_{21} 移民年人均收入增长率	0.079
5	c_{22} 恩格尔系数	0.054
6	c_{23} 移民就业率	0.022
7	c_{31} 避灾移民政策公平和公正性	0.030
8	c_{32} 避灾移民政策的连续性	0.111
9	c_{41} 规避二次灾害风险的能力	0.227
10	c_{42} 迁入地自然资源的承载能力	0.061
11	c_{43} 环境可持续发展能力	0.090

续表

序号	指标	权重
12	c_{51} 移民在迁入地的融合程度	0.058
13	c_{52} 舆情监管能力	0.023
14	c_{53} 移民信访率	0.018
15	c_{54} 突发事件预案与应急响应能力	0.037

5.3.3 评价分析

根据表 5.16 评价结果，按照权重大风险也大进行排序如表 5.17 所示。

表 5.17 各因素指标按权重排序

序号	指标	权重	排序
1	c_{41} 规避二次灾害风险的能力	0.227	1
2	c_{32} 避灾移民政策的连续性	0.111	2
3	c_{13} 移民边缘化程度	0.107	3
4	c_{43} 环境可持续发展能力	0.090	4
5	c_{21} 移民年人均收入增长率	0.079	5
6	c_{42} 迁入地自然资源的承载能力	0.061	6
7	c_{51} 移民在迁入地的融合程度	0.058	7
8	c_{22} 恩格尔系数	0.054	8
9	c_{12} 移民社会保障满意程度	0.045	9
10	c_{11} 社会服务网络健全率	0.038	10
11	c_{54} 突发事件预案与应急响应能力	0.037	11
12	c_{31} 避灾移民政策公平和公正性	0.030	12
13	c_{52} 舆情监管能力	0.023	13
14	c_{23} 移民就业率	0.022	14
15	c_{53} 移民信访率	0.018	15

可见，规避二次灾害风险的能力 c_{41}、避灾移民政策的连续性 c_{32} 及避灾移民边缘化程度 c_{13} 位列避灾移民风险的前三位，随后是可持续发展机制建立 c_{43}、避灾移民搬迁动力 c_{21}、自然资源综合利用率 c_{42} 等，而舆情监管能力 c_{52}、补偿标准合理性 c_{23} 及移民信访率 c_{53} 位列避灾移民风险的后三位。

依据评价结果，本书重点分析风险因素高的前三位，分析结果包括以下几方面。

（1）为了规避灾害对生命和财产的威胁，移民搬入新的安置地，迁移代价巨大。然而，最不能接受的是灾害风险的再次袭击。因此，要高度重视移民安置地的选址、灾害风险评估和抗灾能力建设。

三峡库区地形、地貌与岸坡地质结构复杂，随着水库蓄水至 175m 后及周期性涨落，引发滑坡、塌岸等地质灾害的风险增加，威胁人居安全，需要搬迁。特别是有些原先作为移民安置区的地方也出现了滑坡，逼迫移民再一次迁移，对移民形成二次灾害。2007 年 9 月重庆市通过的《渝东北地区经济社会发展规划》提出，到 2020 年，位于三峡地区重庆段的渝东北地区将向重庆主城区和万州区累计转移 230 万人，这其中就包括了 100 多万已经搬迁了一次的原库区移民。

例如，早在 1998 年，重庆市开县渠口镇崇福村村民从长江支流彭溪河的岸边洼地搬迁到附近的半山坡上，然而 2004 年渠口镇巨坪山体的一次滑坡就达到 3213 万立方米，整个山体的一半都滑进水里，形成了一个长达 380 米、宽 110 米、深 20 米的大坑（曹筠武，2009），导致村民整天处在惊恐之中，为此当地政府决定对他们进行二次搬迁。三峡库区二次避灾移民大部分都是因为初期的应急性移民采用后靠安置造成的，从低洼区（避免水淹）迁移到更高的半山腰，再开垦农田、建设村镇，以及非法人类工程活动，如随意砍伐、非法开采、坡体堆载、灌溉渗漏等，从而加剧了水土流失和地质结构及植被的破坏，造成生态环境严重恶化，对于生态环境容量有限的库区，无疑是雪上加霜。因此，众多因素所致的二次避灾移民在所难免。

由此可见，在提高规避二次灾害风险能力方面，一是重视选址，充分论证，既要考虑区域社会、经济和生态环境容量，更要评测其安全程度，选择安全居住地以确保移民迁移后能够长治久安；二是完善灾害风险评估的科学性，提高应对灾害风险的处置能力，提升突发灾害的应急响应能力；三是提高风险应对管理能力，要在组织、经费、规划、预案、制度、宣传、监测、预报、演练等方面进行全面的灾害风险管理。

（2）避灾移民往往规模大，周期长，复杂度极高，随着社会经济的不断发展和改革的不断深入，必然会对过往政策进行调整，甚至是颠覆性的改变，保持政策的连续性难度大。要加强避灾移民政策制定的调查论证，力求保持政策的缓冲对接，政策的制定要在宪法和相关法律的框架下，兼顾相对稳定性、连续性和动态调整，同时在后期扶持、改善民生上下工夫以控制和规避风险。

一方面，避灾移民时间跨度大，导致政策制定难度大。例如，三峡库区重庆 14 个区县有共 1042 滑坡体，涉及人口搬迁 73 243 人，计划 2010～2020 年用 10 年时间实施搬迁。随着国家经济高速发展，政府大力开展民生工程建设，相关政策和补偿标准等在不同时期存在差距，可能会引发部分移民心理失衡。移民搬迁最关心房屋、宅基地和耕地等实物补偿标准及相关扶持政策。对于相关政策法规或标准，可能会引起避险搬迁人口与三峡前期移民、175m 蓄水影响人口迁移及其城乡统筹“户改”等政策进行攀比，带来库区社会治安和社会稳定的隐患。尤其是同一滑坡体不同时期补偿补助标准不一致，更容易引发不同群体间由于攀比产生的不公平感。

另一方面，随着中央关于农村土地确权改革，农民进城可从事其他工作，其土地“三权”依然可以保留，可以依法享受土地红利。这很可能会对前期移民带来冲击，使其有“吃亏”感，影响稳定，甚至要求政府给予进一步补偿，因此，地方政府要有未雨绸缪的思想准备，要有应对预案，做到防风险于未然。

此外，规避政策连续性风险，可以采取其他途径，如后期扶持、改善民生工程等，合理整合调配安置地区发展资源，增加环境资源容量，有效解决迁入地过载的问题，实现环境可持续发展；完善社会保障，帮助就业，提供一定的后期扶持，确保移民生活水平在原基础上不下降，以此来规避风险。

（3）移民在迁入地因其原有社会网络中断、人际关系陌生、风俗习惯差异等众多因素，可能陷入边缘化，导致移民家庭社会和经济发展的不可持续性，甚至加剧贫困。要在初期选址过程中，分析原居住地人口的社会、经济、文化、民族和宗教等特点，力求满足安置人口需求且不会导致冲突；同时在移民过程中或后期，注意加强各利益相关群体之间的沟通，及时化解矛盾，用先进地区的新观念对其加以影响，创造教育、培训、就业等方面的便利，帮助移民进入劳动力市场，实现多元化发展，摆脱边缘化困境。

所谓边缘化，美国社会学家 Park 于 20 世纪 20 年代提出，它是指人或事物向主流的反方向移动、变化。泛指在一个国家内由社会和经济上的移动导致的经济和文化方面的冲突，其本质是一个群体逐渐远离某一中心、被排斥与淘汰的过程（曹钰，2008）。

避灾移民迁移到外地，由于文化、风俗习惯、宗教、经济地位等因素的影响，很难融入到迁入地的社会中，长期下去，移民群体必将在迁入地陷入边缘化的境地，甚至影响其生产、生活、就业、社区生活等，直接影响移民在新居住地的幸福感。在调研中发现，由于严重的不适应或边缘化等因素，有少数移民家庭反流，回到原地。有些返回原地的移民由于没有了户口、房屋、土地和社区，陷入了极度贫困的境地。

避免移民边缘化，一方面，在选址过程中尽量考虑这个因素；另一方面，通过加大地方政府、街道、社区和各类群众组织的工作力度，加强沟通，及时了解和解决移民中存在的各种问题，对于移民反映比较大的问题，要与移民协商解决，真正让移民感到政治上得到尊重，生活上有人关心，生产上有人帮助，

"我"是社区中不可或缺的一员。在经济上加以扶持，在就业、培训、社会保障上适当进行政策倾斜，使移民生活水平提高，公众活动参与度增加，人格受到平等对待与尊重。

5.4 避灾移民迁移风险管理

风险管理是制订和评估备选方案，尤其是风险降低方案，实施选定的方案并检测其效率。避灾移民的潜在风险具有多维性，涉及社会、经济、政策法规、生态环境、心理适应与舆情等多类多重风险因素。但是，风险与机遇总是并存的，如果避灾移民的规划与实施落实到位，政策制度、资金管理和组织保障得力，基础设施与公共服务充足，将会抵御灾害风险，减轻移民贫困，在社会、经济、政策法规、生态环境、心理适应与舆情等领域获得新的发展机遇，确保"风险避得开，整体搬得出，长期稳得住，致富靠得住"。

5.4.1 避灾移民迁移风险管理的基础理论与启示

传统的区域规划理论，诸如增长极理论、核心—边缘理论、梯度推移理论、平衡与不平衡理论和圈层结构理论等，共同点是以促进区域经济增长为目的，通过对区域间各个要素的整合和优化重组（如产业优化布局、资源优化配置等），以缩小区域之间发展差距，实现经济增长。现代区域规划理论的内涵发生了根本性变化，不仅包括经济发展，还包括社会进步，强调经济、社会和生态环境等综合协调发展和可持续发展，强调参与主体的广泛性和民主性。我们将其理念（AGS，2007；Long and John，1993）展开分析如下。

（1）协调发展和可持续发展。现代区域规划理论更加强调协调发展和可持续发展，强调兼顾个人利益、地方利益和国家利益，协调发展，不再片面追求区域经济指标，而是围绕"以人为本"，经济发展与改善人民生活水平并举，促进经济、社会和环境等协调可持续发展，倡导"3E"理念。针对避灾移民安置，其启示在于必须充分考虑土地资源的合理利用，在避灾移民的选址、产业选择与布局、社会网络重建、资源分配等方面充分考虑区域环境的承载力，规避移民风险，重视经济、社会、文化、资源与环境的全面发展。通过避险搬迁让移民在安全区域切实过上安居乐业的生活，真正实现移民安置规划的总体目标。

（2）公众参与和协商规划。现代区域规划理论更加强调吸纳公众参与，利益主体、其他群体和非正式组织参与规划的全过程，突出"3C"理念。针对避灾移民安置，其启示在于规划的过程要吸收移民个体、公众和相关社会组织等各方参与，听取民众意见，重视移民搬迁意愿，建立信息沟通、申诉与问责机制，协商规划。

（3）动态规划和区域调控。未来区域规划理论更加强调动态性和区域调控性。动态规划的理念是将规划视为一个过程，通过建立区域动态规划流程（驱动—状态—结果），对影响区域发展的各种因素变化做出判断，更加强调规划的连续性和周期循环性；规划的区域调控理念具有探索性，调控目标包括经济发展、社会进步、资源永续利用、生态环境保护和可持续发展能力等。针对避灾移民安置，其启示在于不能认为避灾移民安置规划就是编制一个静止的规划方案和实现特定目标的一本蓝图，而应将其作为一个动态过程，要对影响避灾移民过程的要素做出判断，不断建立目标，解决目标提出的新问题，通过区域调控，保持规划的连续性和有效性。

避灾移民安置是一个涉及区域发展的恒动系统（孙元明，2010），以时间波动发展为轴，以服务对象（移民）为主体，以社会经济等结构变革的演进为主线。以空间物群为载体，探讨避灾移民迁移风险管理机制，可分为三个阶段，具体分析如下。

5.4.2　避灾移民迁移风险管理的准备阶段

（1）移民选址。避灾移民安置选址十分重要，尤其对于集中安置，在符合土地使用计划的前提之下，包括土地的使用类型（如住宅、农业、畜牧业、林地、工业或商业等），要对土地是否存在自然灾害潜在风险进行评估，以选择安全的人口居住地；要对土地的位置选择予以考察，对于从事农业或畜牧业活动的农村人口来说，用于农业的土壤质量应符合土地利用标准，所选择的土地应使安置人口可以流动，能为市场、运输及公共服务等提供土地和道路，新址能够提供水、电和通信等基础设施服务，周边有足够容纳安置人口的教育和医疗等条件；要分析居住地人口的社会经济和文化特点，包括社会、经济、文化、民族和宗教等问题，确定能满足安置人口需求且不会导致冲突。

（2）主管部门（或实体）。落实移民安置规划组织编制和实施主管部门或建立实体。国外有些国家设置专门机构负责移民安置工作，其优点是职责专一，制度化建设体系性强，经验会得到长期积累并逐步改善，形成专业化运转，并确保安置涉及的长时间连贯性；也有些国家设置非政府组织或是咨询公司从事移民安置工作，其共同点都在于集聚高质量的人力资源，加强对社会经济、移民人口普查、社会管理和住房建设等方面的研究与服务。

（3）专业组织（或团体）。移民安置是一项复杂的系统工程，需要跨学科和跨领域的专业人员共同参与，包括社会学、经济学、建筑、工程、信息系统等专家，以及律师、管理和监督人员等。根据移民安置人口的特点、规模、空间分布和安置方式的实施，组建若干个专业组织或团体，在专家和移民个体中发挥沟通与联系的作用，有效地获得家庭、经济和社会等方面的信息，掌握移民意愿与诉求，帮助缓解人口迁移过程中的压力。专业组织或团体的建立有助于对移民（尤其是弱势移民群体）开展个性化的援助，有助于防止移民安置过程中的弄虚作假和投机取巧等现象的发生，起到维护、监督和控制管理的作用。

（4）培训机制。国家或地区移民安置主管部门（实体）根据移民规模等情况应拥有一定数量的专业组织或团体。专业组织应确保专业成员全程参与的连续性和稳定性。由于移民安置工作的特殊性，专业成员在准备期间应接受培训，培训内容应涉及三个方面：第一，降低风险计划。专业成员必须对风险评估、承灾体的脆弱性、人口安置选择的缓解措施等有充分的认识，对移民安置规划需要与移民个体和社区有直接的沟通等有深入的认识。第二，人口迁移与安置。对于专业成员的培训还需要涉及移民安置过程特点及安置工作对于被迁移人口、原址居住人口和迁入地人口的影响分析。充分意识到利益相关民众各种情绪可能会出现，以便有准备地应对和有效地处理。第三，应急响应。专业成员应该熟悉风险管理过程中制订的应急响应计划，并参与模拟演练。

（5）机构间协调机制。移民安置的系统性和多维性要求必须有多部门如风险管理、国土规划、住房、教育、卫生、公共服务、社会保障、社会援助、监督和调解等部门及社会力量共同参与。从风险监控、预警预报到移民安置规划及实施，明确各部门在规划与实施方案中各自的角色与作用。建立参与机构间的委员会，定期例会，确保计划任务在各个阶段得到及时实施，避免功能性重复和资源性浪费，创建长远、稳定的协同机制。为了使各部门及社会力量团体联动并各尽其责，应规范其权利、义务，采取法律协议加以约束，合理配置财力、物力和人力，体现精细化管理。

（6）信息沟通机制。信息沟通是建立各方互信的有效途径，其方法多样：一是召开社区会议，在有重要事件时举行社区会议，避免频繁会晤导致与社区和利益损失者的关系恶化。从世界银行的经验分析，初期，应举行启动会议，介绍专业团队、专家及其职责，规划目标、编录信息及可选择的安置方案等事项，建立信息获取通道；在完成人口普查和社会经济数据等收集后举行中期会议，介绍不同的安置替代方案，相互之间的权利和义务，并力求达成一致。后期会议应在安置方案的编制和实施期间举行，介绍各项工作的进展状态，预算执行情况，面临的问题和解决方案。二是设立办事处或咨询服务中心，负责对移民安置规划提供免费咨询服务，例如，安排每周两次接待来访人员，记录信息、反馈信息等。三是家访与电话专访，访谈不仅收集了信息，也有助于专家与家庭、专家与其他社会单位之间充分沟通，建立信任，推进整个项目进程。特别要给予弱势家庭如老人、单亲和残疾人家庭特殊的关心。对于灾害风险区域，必须设置应急电话，以便在突发灾害事件发生时快速实施应急响应。四是建立网站和邮箱地址，用来提供避灾移民安置规划相关信息和实施进展信息，方便相关人员及时获取信息。但此方法受安置人口类型和上网条件的局限。

（7）申诉与问责机制。建立有效的申诉与问责制度，实现移民安置过程的信息公开透明，将会增进移民个体和公共部门之间的信任，建立和谐的关系，非常有利于移民安置工作顺利开展。建立申诉与问责机制应重视以下问题：一是规范从接到投诉到回复当事人到责任追究一整套规范的程序；二是建立第三方组织处理纠纷，并提供解决纠纷的法律援助服务；三是申诉与问责制度应在社区会议上公布，并征求意见，达成一致，签署协议；四是对于工作失职或违反协议条款应问责或罚款。

（8）信息管理系统。在移民安置规划过程中，各个社会单位（如个体、集体和公共设施等）基本信息的获取十分重要。由于移民安置规划所涉及的信息量巨大，因此，运用信息化手段建立信息管理系统十分重要，该信息系统将不同维度的信息（如物理、法律、社会和经济等）集成一体，形成信息资源库，多部门共享，为移民安置规划分析与决策提供信息保障。

5.4.3　避灾移民迁移风险管理的分析阶段

（1）重新安置人口的分类。将重新安置的人口进行分类，可以简化社会单位重新安置的过程。例如，按土地使用权的类型分为土地使用人、租赁人等类型；按房产的作用分为居住、租赁、经济活动（含商业、工业、服务业、农业、畜牧等）；按损失类型分为房屋、收入、教育、健康服务、社会网络等已经证实的损失；按脆弱性水平分为户主的年龄、经济活动持有水平、收入水平、对房产的依赖、该地居住年限、单亲家庭、残疾家庭等。在移民安置过程中，对重新安置人口进行分类有助于安置计划进一步细化。例如，搬迁仅以房产为居住目的的家庭和搬迁一个以此房产为经济用途来支撑生计的家庭是有差异的，失去收入来源特征也不同。不同的房产用途可能包括房产仅用于居住，房产用于办工厂、经商或服务业，房产用于农业、畜牧农耕、林业或矿业，房产用于出租使用。若房产没有用于居住或上述经济活动，则意味着房产仅是一份资产。

（2）社会经济性分析。对移民安置人口社会经济性分析既涉及人口的自然因素，也涉及人口迁移的法律、经济、社会、心理、文化、环境、行政等因素。获取移民安置人口现状信息的方法是人口调查，人口调查是目前统计人口、人口学和人口社会、经济特点研究广泛采用的方法，也是研究移民安置规划获取基础信息的有效途径。选择移民安置方案和确定合理的补偿标准时，发挥各组织在移民安置活动中的作用，对特殊人群及家庭提供特殊帮助；为人口转移安置后生产、生活恢复和改善，新居住地公共基础设施及公共服务恢复和改善，文化习俗的保护与传承，原风险地重新规划与利用等决策方面提供了参考。对于房产及建筑信息的统计分析，直接影响到重新安置、原危险地房屋建筑的拆除和新址的重新安置计划；影响到移民安置中为了降低灾害风险，对灾害危险性高的区域优先安置策略；影响到移民安置计划中对财产价值的评估；影响到移民安置补偿标准的确定等诸多问题。对于高风险地区人口实施避灾移民，意味着政府需要对土地进行公共分配或征收和置换，同时控制风险区域土地上的人类活动。因而，需要进行土地使用权分析并确认其合法性，确定高风险区域土地类型和产权类型，根据社会单位所在的地方或者从事的经济活动，确定各个社会单位土地拥有量及其经济活动类型，从而判断现有不同权益者之间可能的矛盾冲突，分析明确可能出现的各类问题。例如，各社会单位土地房屋所有权与国家相关法规及可持续性的关系；产权所有人涉及的征收或者遗嘱继承等法律问题；第三方的财产持有者仅享有国家法律规定内的权利问题；国家土地的占用者除被授权拥有使用土地权利之外，同时还拥有国家法律规定的权利等。

5.4.4　避灾移民迁移风险管理方案的制订阶段

在移民安置规划准备和分析阶段工作的基础上，与安置人口及关键利益相关者磋商达成协议后，吸纳公众广泛参与，制订三个降低灾害风险的计划：移民安置计划、应急响应计划和风险地控制与修复计划。

（1）移民安置计划。移民安置计划是移民安置规划设计的核心，风险区域的移民安置计划可分层设计。根据风险地（农村、城镇）将需要安置的家庭或社会单位按集中安置和分散安置分类，在此分类下，基于移民实物调查、移民身份认定和移民安置人口的社会、经济、文化特征的分析；基于对土地与住房的供给关系的分析等进行规划人口安置、生产安置、基础设施迁建及社会、经济发展等。依据移民意愿及环境承载能力尽可能提出多样化安置模式供移民选择，并达成共识。

（2）应急响应计划。应急响应计划应以提高对突发灾害应急响应能力为目标，其体系内容包括对突发灾害的应急对策、技术性基础设施及后勤保障、早期预警系统、组织模式、后勤系统、通信系统、自身的响应训练和人口临时安置。在灾害确认与风险等级评估、风险减低基础上，制订灾害风险应急响应计划，并纳入避灾移民安置规划设计范畴。灾害区域内有些措施如防洪、山体滑坡、崩塌和危岩工程、加固抗震结构等需要物理干预；有些是非物质措施如教育、制度、能力建设等。当应急对策被确定，则实施的措施需要对其在技术、经济和社会等可行性方面进行评估分析。技术可行性意味着一个具体可执行的措施在减轻风险上起重要作用；经济可行性需要比较不同技术措施成本和效益；社会可行性是指应急措施被人们所能接受的程度。有些时候，技术上的缓解措施可能高于人口安置成本，这时移民安置可被作为缓解风险的有效途径。

（3）风险地控制与修复计划。风险地修复计划应以确保迁移人口不再返回原居住地为目标，有效的方法就是对这块风险地赋予新的功能，并加强管控。因此，移民安置规划应将风险地土地利用规划、功能设计和后期管理一并考虑进来，形成完整体系。为了达到这些目标，负责风险管理的机构需要组织专家对风险地进行论证，确认风险地的潜在使用能力，同时对于确定的使用功能还需要做出修复计划。对于高危风险区，应将土地作为公共用地进行再利用。例如，设计用作公共绿化带、景观带等，由当地政府负责清洁、维护和管理，并以法律约束禁止任何新的、永久的或临时的占用。

综上所述，避灾移民迁移风险管理需要遵循系统性、层次性和旋进性的原则，从实际出发，根据移民安置区域资源条件、移民安置规模、环境承载容量、移民意愿、迁移风险要素等，加强风险管理的体系与机制建设，确保避灾移民目标顺利实现。

5.5　小结

本章参考现有研究，结合三峡库区实地调查分析，构建了滑坡地质灾害避灾移民的风险指标体系，包括社会发展风险、经济发展风险、政策法规风险、生态环境风险、心理和舆情影响风险 5 个一级指标，15 个二级指标体系（涵盖了社区服务网络健全率、移民社会保障满意程度、移民边缘化程度、移民年人均收入增长率、恩格尔系数等）。对比现有指标体系，本书在一级指标中强调了心理和舆情影响，这项指标既体现了避灾移民的自身特征，也体现了当今社会的时代特征。

根据避灾移民迁移风险因素影响的复杂性，通过对比层次分析法、网络分析法和模糊网络分析法，认为网络分析法能够有效地解决评价系统中不同层次间因素的反馈，以及同一层次影响因素之间相互依存和相互影响的问题，评价的可操作性、完整性和客观性较好。为此，本章提出采用网络分析法综合评价避灾移民迁移风险，讨论了网络分析法结构模型及其算法过程。以三峡库区滑坡地质灾害避灾移民为背景，运用网络分析法对其迁移风险进行评价实证，量化了各指标风险权重，获得了各风险因素排序，针对关键风险因素进行着重分析，并对规避二次灾害风险的能力、避灾移民政策的连续性和避灾移民边缘化程度等问题阐述了观点。

避灾移民潜在风险具有多维性，涉及社会、经济、政策法规、生态环境、心理适应与舆情等多重风险因素。强化风险管理，减轻风险，规避风险，以现代区域规划理论为指导，强调协调发展、公众参与、动态调控，提出了实施风险管理的三个阶段任务，其中准备阶段的重心放在移民选址及机构、机制、信息系统的建设上；分析阶段的重心放在对安置人口分类和人口的社会经济性分析上；制定阶段的重心放在移民安置、应急响应、风险地控制与修复三个计划上，三者之中移民安置计划应为重中之重，本书在第 6 章将重点讨论。如果避灾移民的规划与实施落实到位，政策、资金和组织保障得力，基础设施与公共服务充足，避灾移民将会在各领域获得新的发展机遇。

第6章　滑坡地质灾害避灾移民安置模式与补偿扶持

移民安置是自然-社会-经济复合系统，这个系统不仅受安置区域自然条件和社会经济发展水平的制约，还受移民个体差异性（包括家庭状况、经济、社会、文化和心理等）多方因素的影响。避灾移民安置与开发性移民安置具有差异性，避灾移民具有自愿性和非自愿性双重特征，在移民安置补偿方面，在借鉴我国现阶段实行的前期补偿补助与后期扶持相结合的模式基础上，应更加着眼于增强移民自我能力发展的安置与扶持，对其"输血"的同时帮助其提升"自我造血"功能，以缓解政府后期扶持资金等巨大压力。因此，本章重点探讨构建适合我国国情的避灾移民安置模式分类体系，分析各类移民安置与补偿模式内涵与特征，分析三峡滑坡地质灾害避灾移民安置与补偿实践模式，研究以增强移民自我能力发展为目标的自建家园安置模式和兼业安置模式。

6.1　避灾移民安置模式分类体系的构建

从现代区域规划理论内涵理解，避灾移民安置不仅是规避灾害风险，将人从一处搬迁到另外一处（安全地），移民安置过程中更重要的任务是要规划未来，包括经济发展、社会进步、生态环境等综合协调发展和可持续发展，遵循"3E"理念，强调兼顾个人利益、地方利益和国家利益协调发展，突出"3C"理念。

避灾移民安置作为一个区域空间实体形态（贵州省水利水电工程移民局，2010），呈现三环结构，如图6.1所示。该形态围绕避灾移民安置目标（内环），由里到外相互依存。空间物群结构处于第二环，确定安全生产、生活用地，规划和建造居住用房、生产用房及基础设施等，规避灾害风险的威胁；社会经济物系结构处于第三环，体现了在避灾移民过程中，有一个庞大的物质建构体系在发挥联动作用，包括移民区域经济发展、社会文化生活、移民安置政策、生态环境状况和移民心理适应与舆情等，直接影响着大体系的运行。

图 6.1　空间实体三环结构形态

世界银行于 1980 年制定了由世界银行贷款的非自愿移民安置政策，各国为了获得世界银行贷款项目，逐渐采取了这项政策来解决非自愿移民安置问题。但是，各国国情不同，移民诉求具有差异性，很难采用一个统一的标准解决所有的问题。因此，各国在遵循基本政策的原则下，创建了不同的避灾移民安置模式（胡静，2007）。

国际上，以美国为代表的西方发达国家，由于其经济发达，土地私有化，人口自由流动性强，有良好的社会福利保障，移民自身发展能力强，且移民对象通常是以一户或一个社会单位（如农场）来考虑安置问题，通常采用的方式是，国家支付一定数目的补偿费后，由移民在全国范围内自由选择去向，甚至可以迁移国外，其安置重点是房屋建设；以非洲为代表的比较落后的发展中国家，由于经济条件落后，移民“自身造血”功能弱，社会福利水平较低，像发达国家那样进行货币补偿并自由迁徙难以实现。因此，主要采用社区整体搬迁，集中安置，或少数移民接受货币补偿，自己建房，自行分散安置；世界银行则将避灾移民安置模式确定为集中安置模式和分散安置模式。

近年来，我国开展避灾移民实践也取得了丰富经验，最具代表性的是三峡库区（涉及重庆市及湖北省）、陕南和江西地质灾害避灾移民等，移民规模巨大，在移民安置模式没有先例可循的情况下，各地都结合本地条件，探索创新，走出一条适合本地避灾移民安置的新路。例如，三峡库区避灾移民采取集中居民点、分散安置、小城镇安置、外迁安置等模式；陕南避灾移民安置采取城镇安置、集中安置、村内调剂下山安置、产业园区安置、外迁安置、投亲靠友分散安置等；江西武宁县避灾移民安置采取集中安置、分散安置和敬老院安置等。国内学者将其进行分类：按移民从事产业分为农业移民安置、非农业移民安置和兼业移民安置；按移民安置距离分为就近移民安置和外迁移民安置；按移民安置规模分为集中移民安置和分散移民安置；按移民安置整合方式分为分散插花模式、敬老院模式、自然村向主村搬迁模式和建移民新村模式（陈全明和徐立勤，2011）。可见，移民安置分类繁多，错综复杂。

事实上，不同国家和不同区域避灾移民安置模式不能完全相互照搬。由于我国实行土地非私有制，各省经济和社会发展水平具有差异性，因此，避灾移民安置模式的选择需要结合实际国情，统筹城乡发展和区域社会经济实际情况确定，并且需要多种模式并举。笔者通过分析和调研，结合我国现存户籍制度改革政策、发展趋势及移民群体特征，提出了避灾移民安置模式分类体系如图 6.2 所示。

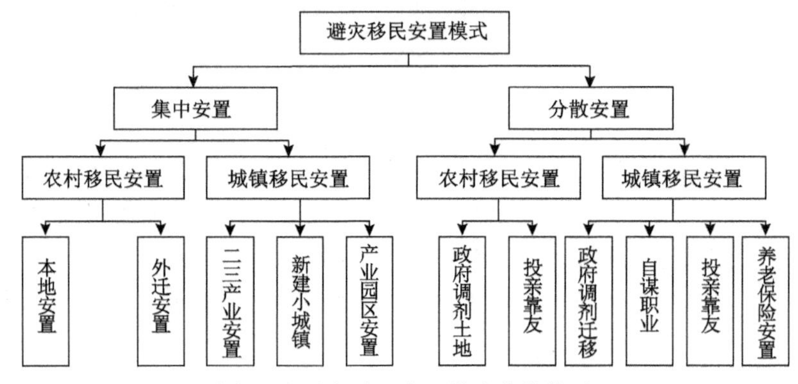

图 6.2　避灾移民安置模式分类体系

该分类方式主导思想是分层设计，以集中安置和分散安置为顶层设计，以农村移民安置和城镇移民安置为第二层，以此类推。但是，最终移民安置内容归属到人口安置、生产安置和公共设施与服务保障等方面。

6.2　避灾移民安置模式特征对比分析

6.2.1　移民集中安置与分散安置特征分析

1. 移民集中安置

集中安置是将灾害高发区域的家庭和社会单位集中安置到安全地域，一般由政府主导，通过选址和分配土地，制定政策或法规，统筹规划，集中搬迁安置。其优点是整体搬迁，集中迁徙到一地，移民的社会经济网络能够保留，能较好适应新环境，特别是对于以土为生的移民，是目前普遍采用的安置方案。缺点是投入成本高，特别是土地成本。

集中安置是由政府主导，在一个地区或者多个地区安置所有需要迁移的家庭和社会单位，政府需要做好选址工作，分配一片或多片土地，在相应的法律法规框架下，涉及如图 6.3 所示的人口安置、生产安置、基础设施迁建、经济发展和社会发展等问题。

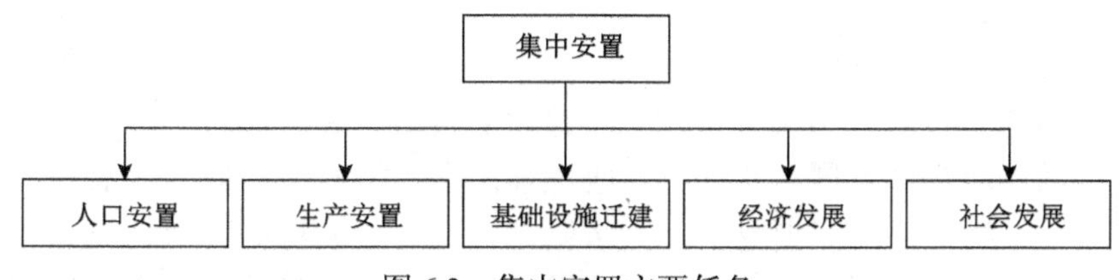

图 6.3 集中安置主要任务

（1）人口安置和生产安置。确定选址后的核心问题便是住房或用房。在安置方式上，一种是采取分配或补偿房屋方式，根据家庭成员数或家庭原住房面积等因素确定分配（或补偿）安置房屋，根据三峡库区调查问卷发现：移民普遍愿意按家庭成员数而不是面积分配房屋或提供补偿。对于先前无住房产权的低收入人群，常见做法是建立一个基本单元住房，便于以后扩大。其他生产性用房的建筑规模应取决于使用类型和法律法规的限制。对于特殊人口（如残疾人等），根据普查结果，确定其中家庭残疾成员及残疾类型，相应考虑这些家庭的住房设计；另一种是自主建房方式，即政府补偿，受灾家庭自主建房。借鉴国外经验，由政府组织移民进行建房技能培训，指导和监督施工过程，以保证房屋质量，建筑材料（包括部分卫生和电气装置及建筑工具）供应通过发放供应券（带防伪标记）的方式进行，建好的房屋按具体规定 5～10 年内不允许转让。

（2）基础设施迁建。由于基础设施迁建是移民安置的基本保障，包括资源性基础设施、社会服务基础设施和村组（社区）服务基础设施。一方面，根据集中安置区的人口特点，规划供水、供电、通信和交通等资源性基础设施建设，确保安置人口的生产生活、社会经济活动复原或改善，通过新建或扩建保证现有设施能够满足安置人口需求，提供对基础设施爱护和安全使用方面的培训，对发展良性的公共服务网络和支付机制增强其调节能力；另一方面，统筹规划社会服务基础设施建设，将其作为一次整合安置人口和原居住地居民的机会。对于新建的社会服务基础设施（如学校、医院等），也应考虑原住民的需求及运营和维护，提升其运营功能和效能。此外，根据人口规模和特点，划分村组（社区），规划其基础设施（如会议室、娱乐场所、公园、商场、健身馆等），从而使布局合理，容量充足。

（3）经济发展。集中安置最大的挑战是经济发展，一方面，给予重新建立的移民经济活动必要的支援。根据区域社会经济情况和移民人口的特点，可以通过移民集中安置机会重建经济活动和增加居民收入。将一个社会单位迁移到一个新地方就会伴随着收入的损失，直到生产、生活得到重建和恢复损失才消失。对于农业活动，这一时期取决于农作物种类及其从耕地、播种、生长、收获到销售所涉及的时间；对于商业、工业和服务业，这一时期将持续到重新建立客户群和销售量为止。因此，在此期间，需要采取不同的策略给予帮助或补偿，如提供临时工位岗位、提供适当现金补偿、捐赠实物或提供商品凭证等。另一方面，要促进移民经济活动可持续发展。在安置过程中，面临的最大挑战之一就是重建经济活动，必须建立磋商机制，妥善制定经济重建规划，提升移民的生产活动能力，促进经济活动可持续发展。此外，要避免移民在经济发展中的过度依赖，给予重新建立移民经济活动的必要支援，其策略的选择基于人口的特点、经济活动类型和可控制性等多方面因素，但是，最重要的原则是不能使移民产生过度依赖感，应创造条件促进人口实现自我管理。因此，在支援时期与相关单位及个人签署协议十分必要。

（4）社会发展。社会发展关系到移民在安置点能否安居乐业，一方面，要确保教育和卫生服务的恢复，根据移民人口的特点和需求，开展各类宣传与培训，以帮助安置人口和原居住地居民改善生活条件，并促进相互融合；另一方面，建立或重组新的社区，给予新安置地相关利益享有权，提高其管理水平。要建立新的安置地人们的相互和谐关系，促进原住民和安置人口的融合。可以通过协商制定相关制度，共同遵守，相互制约，并签署同意接受协议。

需要特别指出，对于集中安置，还有一项重要工作就是信息沟通，将集中安置方案及具体安置模式向移民通告并征求意见十分重要，包括选址、安置方案、住房类型、住房分配或补偿、公共服务、教育和卫生、社会基础设施安置计划、目前进展情况、预算计划和面临问题等。提高规划与实施过程的透明度，有助于建立各方的信任，防止出现矛盾。

2. 移民分散安置

分散安置是一种外迁方式的安置，充分利用安全区域现有房产和社会经济等资源安置移民，适于中小规模的避灾移民安置或按照移民个体意愿分散外迁安置。分散安置的优点是移民安置投入成本低，可以满足移民个性化需求和改善生活条件。但是，其将面临风险地财产征收，人口分散安置各地各类不同的迁移程序，生产、经济和社会重建支持等问题。

分散安置方案一般适用于中小规模的移民安置，其特点是安置人口聚集力低，家庭或社会单位的社会经济网络小，由于离开风险居住地的移民手中拥有一定的补偿金，有条件重新购买合适且安全的房屋，可以满足移民个性化需求，并充分利用安置地现有房产、社会经济等资源。但是，分散安置涉及如图 6.4 所示的风险地财产征收、人口安置、生产安置、经济重建支持和社会重建支持等问题。下面，针对风险地财产征收和社会、经济重建支持等作着重研究，而关于人口安置和生产安置将在书中后续部分作讨论。

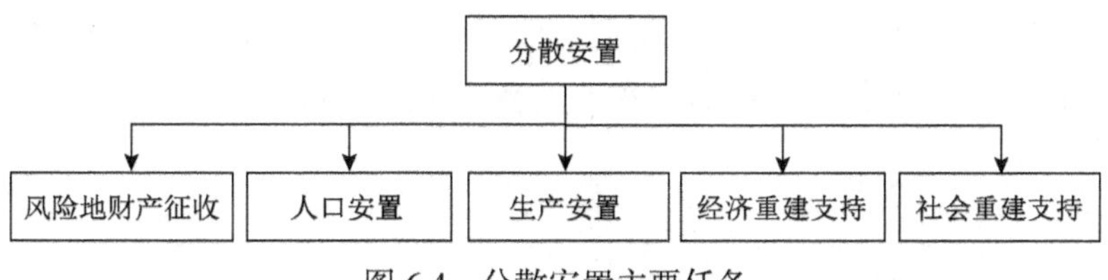

图 6.4　分散安置主要任务

（1）风险地财产征收。分散安置建立于对个人在风险地拥有的财产征收及生产迁移损失补偿的基础上，以保障相关家庭或社会单位有能力购买住房或生产迁移的恢复。相关的补偿方式可以采用组合方案。例如，按土地或建筑物价值进行补偿，再加上额外的补贴，以便可以恢复其基本生产、生活条件；对于风险地没有房屋产权（或房屋价值低廉）的个体居民，所提供的补偿应该使其可以在市场上购买到房屋。对于风险地财产征收或生产迁移损失补偿需要专业评估的，为了确保补偿款能够在市场上购买到合法和安全的住房，房产评估不允许因风险状况而贬值，而是必须基于当地的市场价值进行估算。这种做法是基于国家共同责任的原则，也是国家保障公民生活的职责，因为在高风险地区常常缺乏住房政策，以及对低收入人口和空闲土地利用的总体规划。

（2）社会、经济重建支持。分散安置可能会带来很高的风险，主要体现在管理体系复杂或安置资金不足。在管理上，由于涉及多地域，机构增多，协调难度也增大，安置成效会受到影响。在资金上也有难度，可能到账不及时，或以分期付款方式进行，甚至有些地区将资金临时用到应付紧急需要等。对于分散安置，信息沟通同样十分重要。

综合分析，不管是集中安置还是分散安置，为了降低安置过程带来新的风险，在安置方案制订过程中，应强调建立社会经济重建安置影响模型和社会经济重建安置目标模型，力求给予移民安置尽可能个性化的社会经济重建支持。集中安置有利于移民原有生活文化习惯的保留，心理震荡小，移民易于接受，移民组织工作便于开展，但是个性化选择迁移地需求难以满足；而分散安置便于接收地居民对移民的对口帮扶，同一地域移民规模可以减小，将多种分散安置方式提供给移民选择，灵活性强，克服移民到新居住地在心理上的自闭，促进其快速融入社会。但是，由于移民分散安置类型多样化，面对不同的移民安置方式，移民组织工作量增大，难度加大。因此，选择集中安置还是分散安置，还是要根据安置地社会经济发展的实际情况而定，依据最大相似原则选择移民安置模式。

在我国，避灾移民区域以农村居多，农民以土为生，移民安置模式以集中安置为主，但是，随着城镇化发展进程的不断推进和我国户籍制度的改革发展，分散安置也将是未来移民安置的有效途径。2014 年国务院正式发布了《关于进一步推进户籍制度改革的意见》，这标志着中国的户籍改革制度进入了一个全新的阶段，打破了农业人口和非农业人口的户口界限，为推进农业转移人口市民化、允许人员自由流动、缩小城乡差别、实现城乡一体化开辟了道路。

6.2.2　农村移民安置与城镇移民安置特征分析

1. 农村移民安置

农村移民安置属于以农为主，有土安置，也称“大农业移民安置”。政府通过土地补偿的方式为移民提供一份能满足其生存与发展的农业用地，其生产安置的土地标准是“确保人均耕地不低于当地人均水平”，即在土地资源充足的地方要确保移民安置人口人均分配达到原先水平，在土地资源相对缺乏的地区，要确保不低于当地人均土地水平。移民可在其所拥有的土地上自主经营，可以根据自己的特长和当地土地条件经营农、林、牧、副、渔等，同时，也可以从事第二产业、第三产业或外出打工等。

对于原来就处于自然环境恶劣的贫穷地区的移民而言，土地是一种稀缺资源，要进行有土安置，必须规划好土地的利用与补偿，适用于土地资源相对充裕、具有连片耕地、人口密度小的区域，使移民有一块能安身立命、粮食自足、经济自保的土地。由于农村移民安置主要以土地作为补偿，移民同时还享有生产安置费，主要是补偿搬迁费用和原有土地上的附着物等。相比而言，其优点是移民安置费用相对较低，移民由于继续拥有土地，也就有了心理安全感，从而可以最大限度降低移民风险，减少移民返迁。

在农村移民安置模式中，以下几种典型模式值得进一步分析。

（1）本地安置。指在灾害地附近安全区域安置高风险区域人口模式。对于避灾移民，这种模式仅适于灾害风险范围小、没有波及周边区域的可能、人口迁移规模不大的情况。其优点是“好管理、省资金、易操作”，且未远离祖居和故土，并保持原有的生产、生活习惯和风土人情，容易被移民所接受。该模式需要安全区域具有充足的土地资源，有条件为移民摆脱贫困，实现社会经济可持续发展。但这种安置方式距离风险地近，从长远角度看，次生灾害风险威胁依然存在（陈金明和徐立勤，2011），同时将加剧安置区耕地资源压力，进一步增大了原本就脆弱的自然环境压力。

（2）外迁安置。指在灾害地之外（村、县、省）安置高风险区域人口的模式。该模式对于避灾移民安置而言，其突出的优点是远离灾害风险区域，能最大限度地保护人的生命和财产安全，同时缓解本地安置容量不足的问题，并减轻本地区人口、资源和环境压力，有利于区域内经济社会与自然生态环境的可持续发展。外迁安置若不出县或省，移民并未远离故土，可以保留原有的文化、风俗和耕作习惯等，原有的社区和族群及人际关系网还存在，移民能较快地适应新环境。

但是，对于跨省外迁安置，可能会存在与安置地原居民的生活方式、风俗习惯和信仰等方面差异化问题，产生文化融入难的情况，甚至产生矛盾和冲突，从而出现移民返迁现象。返迁移民由于户口、土地和住房都不在原籍，往往陷入极度贫困而无人过问的窘境，且面临二次灾害风险。另外，外迁移民在全新的环境中生活，可能在土地数量和质量、住房面积和质量、社区条件和社会保障机制等方面出现与移民心理预期有落差的现象。

（3）投亲靠友。利用亲友关系自愿分散迁居异地农村，政府提供补偿，移民志愿投亲靠友自行安置，也可称为“自主外迁安置”或“自主分散插迁安置”，是异地分散安置的一种。适合家庭有配偶、父母或子女在异地工作，有稳定的经济收入来源，且能够保障移民生活来源的家庭。优点在于增强了移民的自主性，减少了政府的工作量，缩短了动迁时间，也减轻了移民安置工作难度，属于政府行为和移民个人意愿的最佳结合点。就移民而言，这种模式，使移民心理容易得到平衡，选择空间大，到亲友所在地减轻了“他乡异客”之感，稳定性高。但是也存在迁入地政府是否顺利接收，住房和土地是否能予以保障等问题。该模式一般适合家庭有父母、子女或直系亲友在异地农村有稳定的居住地、有稳定的经济收入来源，且能够保障移民生活来源的家庭。

（4）政府调剂土地安置。指由当地政府在所属地域（乡、县）通过论证选址，对土地资源充裕、社会承载容量允许、综合条件好的地方下达移民安置任务，实行政府调剂土地安置。这种安置方式的前提是需要吸纳移民参与，并达成一致。通过选购房屋或建造新房的方法，确保移民能安居乐业。政府调剂土地安置的优点在于移民安置灵活，安置地的选择范围大。选择条件比较优越、发展前景好的地方作为安置地，有利于移民的生产、生活得到恢复和改善。但是，在调剂土地安置过程中，耕地、林地等农业生产资料直接关系到农户的经济利益，若方法不当，措施不利，极易使各利益相关者之间发生纠纷，所以，政府应做到制度在先，确权定界，补偿到位，不留隐患。政府调配安置一般适合无就近安置条件、无自谋职业、无亲友投靠，又没有能力购买闲置资源安置的移民家庭。

2. 城镇移民安置

城镇移民安置是指移民搬迁后将不再从事农业生产，不占用土地资源，其优点在于移民的生产、生活环境将会得到极大的改善，生活方式将向城镇化转变，就业机会增加，收入得到提高。随着我国城镇化建设的推进，城镇移民安置应该是未来积极鼓励的一类模式。特别要指出的是，随着社会形态的变迁，在城镇化建设、户籍制度改革和国务院关于土地确权的新形势下，可能会出现农业人口不愿意放弃农村户口和原有的土地，未来也会反映在避灾移民工作中，必须未雨绸缪，制定对策。

城镇移民安置需要具有一定的就业技能和发展能力，结合移民迁移意愿，要考虑迁移人口的文化程度、技能水平和现实的收入情况等，将潜在迁移人口家庭外出务工人数、务工周期、务工职业、务工收入等作为影响因素加以考虑，以保障移民进城安居后能稳定生活。

城镇移民安置主要包括第二产业、第三产业安置，新建小城镇安置，产业园区安置，自谋职业安置，养老保险安置，投亲靠友安置和政府调剂迁移安置等模式。

（1）第二产业、第三产业安置。其是一种以城镇化建设为基本前提，移民本身具备从事第二产业、第三产业的基本能力和主观愿望，就业市场资源比较充足的移民安置，如从事制造、建筑、运输、服务业等。因从事第二产业、第三产业安置需要移民具备一定的文化水平、技能和从业经验，因此，这种模式具有风险性。

（2）新建小城镇安置。利用安置区有利的地理优势，以移民搬迁安置为契机，将搬迁村庄合并，新建小城镇，扶持第二产业、第三产业，为移民创造出更多的就业机会。这种模式是一种城镇移民安置的新思路，还有待进一步研究探索。

（3）产业园区安置。产业园区安置是将移民集中安置与产业园区建设结合起来，移民点建设在产业园区内，配套的基础实施和公共设施可以与园区共用，其优点是大大减少了移民安置的投入，又可以利用园区的企业用工需求，安置移民就业，可谓是一举多得。但是，这种方式需要加强移民的就业技能训练。

（4）自谋职业安置。由移民个人根据自己的愿望、能力和条件自行申请，给予一次性补偿费、搬迁损失费和其他补助费。自谋职业安置的优点是满足了移民的个体意愿，缩短了安置时间，同时大大减轻了移民安置工作等。但是，自谋职业安置需要移民具备一定的自谋职业的能力、文化水平、实用技能、从业经验和就业机会，具有失业风险性。这种模式适合具有一定技能或具备从事第二产业、第三产业能力的人。

（5）养老保险安置。主要对象是孤寡老人、生活不能自理和无人抚养的残疾人及孤儿。如果移民为孤寡老人或失去劳动能力而又没有直系亲属的残疾人及孤儿，无论是农村安置还是城镇安置，都难以保障他们的生产、生活。因此，为这类特殊人群量身定做的养老保险安置或享受低保安置是比较好的一种安置模式。养老保险安置是将这类移民安置在敬老院，其征地补偿费用用于交纳养老保险，使移民通过定期领取养老保险或国家提供低保获得收入（施国庆和陈琛，2010）。政府不再向移民支付土地补偿和安置费用，按现存的农转非人口，将费用列入社保的安置费账户，设立社会保险个人账户，对于达到退休年龄的，按月发放养老金或低保金。养老保险安置的优点在于解决了失地农民的后顾之忧，以土地换保障，并释放部分土地资源，缓解有土安置移民的土地资源压力，并促进农村社会养老保障制度的进步，是未来特殊人群移民安置的发展趋势。但是，参加养老保险的前提条件是按规定及时、足额缴纳养老保险费，这种模式，对于失地农民及时缴纳保险费用有一定困难，也存在着养老保险制度在农村与城镇衔接问题（苏青等，2000）。这种安置模式适合退休或丧失劳动力的移民。

（6）投亲靠友安置。城镇移民安置也可采取投亲靠友模式，利用亲友关系自愿分散迁居异地城镇，政府提供补偿，移民志愿投亲靠友自行安置，适合家庭有配偶、父母或子女在异地城镇工作，有稳定的经济收入来源，且能够保障移民生活来源的家庭。

（7）政府调剂迁移安置。城镇移民安置也可以采取政府调剂迁移，政府根据城镇规划、布局调整、城市化发展等需要，将移民安置与城市化建设相结合进行调剂迁移。

随着避灾移民工作的持续开展和国家经济实力的增强，我国的避灾移民安置将会朝着科学化、人性化方向发展，确保移民能够通过避灾移民安置达到规避风险、安居乐业、勤劳致富的目的。

6.3　三峡库区滑坡地质灾害避灾移民安置与补偿实践模式

6.3.1　移民安置模式的选择概况

三峡库区避灾移民安置模式的选择，以紧密围绕移民搬迁后抗灾能力明显增强，居住安全与环境明显改善，生产、生活水平明显提高为基本目标。笔者调研三峡库区重庆市涪陵区仁义乡等 25 个乡镇，避灾移民安置模式的选择如表 6.1 所示。

表 6.1　三峡库区重庆市涪陵区（25 个乡镇）避灾移民安置模式

人口安置	安置方式	集中居民点、分散安置、小城镇安置、外迁安置
	安置去向	本组内、出组本村、出村本乡、出乡本县、出县外迁
生产安置	安置方式	种植业，养殖业，第二产业、第三产业，外迁安置
	安置去向	本组内、出组本村、出村本乡、出乡本县、出县外迁

1. 人口安置

涪陵区的 25 个乡镇涉及移民安置人口 22 229 人，移民安置汇总数据如表 6.2 所示，按人口安置方式分类如图 6.5 所示，按人口安置去向分类如图 6.6 所示。人口安置方式统计数据分析：分散安置规模最大，13 187 人占 59.32%；其次是小城镇安置，4877 人占 21.94%。人口安置去向统计数据：本组内安置规模最大，14 775 人占 66.47%；其次是出村本乡，5712 人占 25.70%。可见，多数以分散安置和小城镇安置但不出组或不出本乡。这个结果与本书第 4 章移民意愿调查分析反映的情况一致。

表 6.2　三峡库区重庆市涪陵区（25 个乡镇）移民人口安置情况（单位：人）

乡镇	按安置方式分				按安置去向分				
	集中居民点	分散安置	小城镇安置	外迁安置	本组内	出组本村	出村本乡	出乡本县	出县外迁
A	79	486	109	—	469	205	—	—	—
B	—	1 109	—	—	905	166	38	—	—
C	486	1 314	103	—	1 601	256	46	—	—
D	1 371	2 755	200	—	1 399	373	2 554	—	—
E	109	288	680	—	811	180	86	—	—
F	449	976	—	—	1 425	—	—	—	—
G	324	137	677	—	461	—	677	—	—
H	—	8	—	—	8	—	—	—	—
I	—	20	—	—	20	—	—	—	—
J	1 023	416	—	—	1 408	31	—	—	—
K	183	377	—	—	442	118	—	—	—
L	—	44	—	—	44	—	—	—	—
M	—	814	1 408	—	814	—	1 408	—	—
N	—	—	—	—	—	—	—	—	—
O	—	408	418	—	408	—	418	—	—
P	—	14	—	—	14	—	—	—	—
Q	—	1 407	—	—	1 244	138	25	—	—
R	—	727	668	—	1 287	108	—	—	—
S	—	—	—	—	—	—	—	—	—
T	128	773	57	1	901	—	15	42	1
U	—	95	289	8	95	—	266	23	8
V	—	816	226	—	816	—	137	89	—
W	—	11	—	—	11	—	—	—	—
X	—	192	42	4	192	—	42	—	4
Y	—	—	—	—	—	—	—	—	—
合计	4 152	13 187	4 877	13	14 775	1 575	5 712	154	13

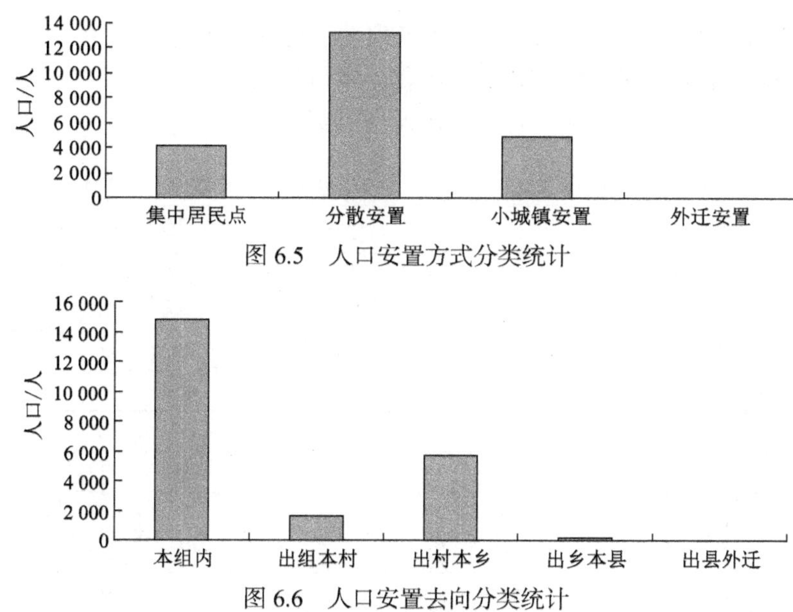

图 6.5　人口安置方式分类统计

图 6.6　人口安置去向分类统计

2. 生产安置

重庆市涪陵区的 25 个乡镇避灾移民生产安置涉及人口 27 453 人，汇总数据如表 6.3 所示，按照生产安置方式分类如图 6.7 所示，按照生产安置去向分类如图 6.8 所示。

按生产安置方式统计：种植业规模最大，18 915 人占 68.90%；其次是第二产业、第三产业，1240 人占 4.52%；外迁安置人数为 13 人。按生产安置去向统计：本组内安置规模最大，11 414 人占 41.58%；其次是出组本村，10 467 人占 38.13%。可见，生产安置几乎不出村，这个结果与本书第 4 章移民意愿调查分析反映的情况一致，移民以种植业为主，以土为生，比较贫困。

本书通过上述分析得出以下两个结论。

第一，三峡库区重庆市涪陵区仁义乡等 25 个乡镇的移民搬迁安置主要是以就近分散安置和就近小城镇安置为主。三峡库区地质灾害避灾移民除了确保人民生命、财产安全外，还肩负着保护库区生态环境建设、减轻人口压力，以及实现库区安稳致富等多重任务，因此，在安置去向上鼓励搬迁进城（集）镇，而不是传统的后靠安置。

第二，移民生产安置主要以种植业为主，其次是养殖业和第二产业、第三产业，同样就近到几乎不出村。这体现了我国当前农村移民安置的主要特征，反映了当前移民的个体意愿。

第三，从当前情况看，本地安置，以种植业为主，但是，值得注意的是，小城镇搬迁安置和第二产业、第三产业生产安置已经占有一定的比例，反映了我国目前移民社会经济发展实际现状，随着我国城市化进程不断发展，当前户籍制度的改革进步，城镇移民安置必将是未来发展趋势。

表 6.3　三峡库区重庆市涪陵区（25 个乡镇）移民生产安置情况（单位：人）

乡镇	按安置方式分				按安置去向分				
	种植业	养殖业	第二产业、第三产业	外迁安置	本组内	出组本村	出村本乡	出乡本县	出县外迁
A	909	—	155	—	730	315	24	—	—
B	1 230	—	—	—	781	449	—	—	—
C	2 463	—	344	—	2 076	458	273	—	—
D	3 190	207	1 132	—	771	1 580	2 178	—	—
E	434	—	320	—	90	358	306	—	—
F	1 290	—	421	—	499	1 212	—	—	—
G	527	—	567	—	318	607	169	—	—
H	4	—	—	—	4	—	—	—	—
I	—	—	—	—	—	—	—	—	—
J	938	143	935	—	471	1 545	—	—	—
K	774	—	359	—	465	502	166	—	—
L	83	—	—	—	83	—	—	—	—
M	338	20	883	—	73	474	699	—	—
N	176	27	141	—	295	—	49	—	—
O	501	—	449	—	201	176	573	—	—
P	40	—	—	—	40	—	—	—	—
Q	1 549	532	39	—	1 098	997	25	—	—
R	1 507	20	292	—	836	983	—	—	—
S	21	—	—	—	21	—	—	—	—
T	942	109	381	1	794	364	232	42	1
U	350	—	412	8	344	11	384	23	8
V	1 042	140	413	—	926	295	282	92	—
W	67	—	—	—	67	—	—	—	—
X	439	42	42	4	330	141	42	—	4
Y	101	—	—	—	101	—	—	—	—
合计	18 915	1 240	7 285	13	11 414	10 467	5 402	157	13

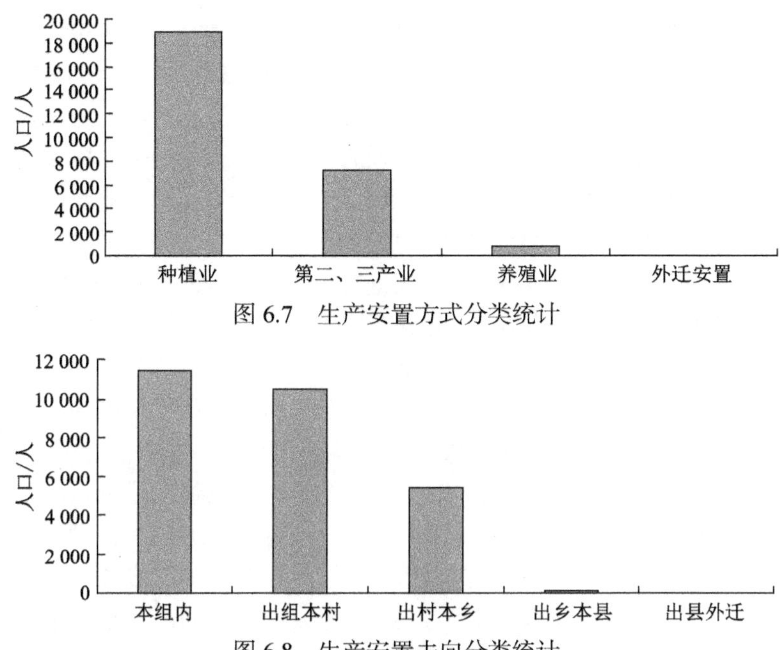

图 6.7　生产安置方式分类统计

图 6.8　生产安置去向分类统计

6.3.2　移民安置模式分析

三峡库区移民安置综合考虑环境容量、就业能力、产业吸纳能力和生态环境安全与保护等因素，尊重移民意愿，按人口安置和生产安置两方面规划，调研发现，该地区在农村移民安置（如后靠避险搬迁及拆房不退地安置、出组建房或购房及拆房退地安置）和城镇移民安置（如进城镇自购房屋及拆房安置、进县城购买政策性安置住房且拆房安置）具有代表性，可供参考借鉴。

1. 农村移民安置

（1）住房安置。在住房安置方式上，搬迁避灾住房安置采取规划集中建房、就近避险分散建房及购房等安置方式，其中城市规划区内搬迁避让住房安置必须采取统迁统建的安置方式。采取就近避险分散建房或购房等安置方式的，由搬迁避让户提出申请并由当地乡镇人民政府认可，以安置集约用地为原则并结合新农村建设，鼓励群众进入规划集中安置区建房安置。集中安置区的选址要充分考虑并尽可能满足搬迁避让群众的生产、生活、交通、卫生医疗、子女就学等基本条件和要求。

（2）后靠搬迁及拆房不退地安置。后靠搬迁建房的规划、建设质量和安全管理由县住建部门负责，采取集中建房和分散建房两种形式。移民房屋建成后，由乡镇政府组织移民、国土等部门和村委会验收，符合规划、用地、质量要求的，国土部门免费办理和发放《土地使用权证》。后靠建房的分户建筑占地（含附属设施）设定标准，如按 $40m^2$/户、$20m^2$/人，但每户不超过 $120m^2$。对于有房无人且在灾害体外没有合法正房的，按 $60m^2$/户划地。后靠集中建房的居民点建设用地，一般从移民迁出交还集体的土地中调整，不具备上述条件的按农村建设用地标准补偿。占地补偿、场地平整及水电路基础设施建设由所在地乡镇政府和村委会负责，灾民按规划中具体划地位置分户建房。为了鼓励集中建房和节约用地，对于移民自愿联合建房的，乡镇在基础设施建设费中按节约的用地人口给予奖励。后靠分散建房由选择该方式的移民协调房屋建筑占地补偿，负责平整场地及基础设施建设和建房。

（3）出组建房、购房及拆房退地安置。搬迁出组不出县建房、购房、拆房退地安置的，选址要求必须在非滑坡体范围内，由乡（镇）国土资源管理所确认；非库区移民淹没组，由乡镇移民站确认；非县城规划控制区范围，由县住建部门确认。对于购房安置的，由移民户与自愿卖房户签订购房和承包经营土地、林地经营权属转让协议，并经所在地村委会、乡镇政府同意，由移民支付购房和承包土地、林地及种植青苗补偿款；对于在县内建房、购房的，凭建房申请、购房和土地经营权属转让协议，签订灾民搬迁安置补偿合同，由公安机关凭上述手续和准迁证明，办理户口迁移手续；国土部门办理建房、房屋《土地使用权证》变更手续；农村经营管理部门、林业部门办理承包经营耕地、林地使用权属变更手续。在住房安置补偿上，货币安置标准按照区域经济适用房价格与土地征收时砖墙（条石）预制盖房屋补偿标准之差乘以应安置房屋建筑面积计算；自建安置按房屋拆迁补偿标准提高 70%补偿后，按照农村宅基地管理规定申请自建住房，按过渡时间不超过 6 个月计算，每人每月发给 150 元过渡费；统建安置按相关规定执行。

（4）生产安置。生产安置主要包括种植业安置、养殖业安置和第二产业、第三产业安置及外迁安置四种形式。种植业安置是农村移民生产安置的主要途径，安置移民耕地的来源是土地开垦、中低产田改造、有偿调整责任田；养殖业安置主要有渔业、蚕桑业、禽畜饲养等，大多以家庭饲养为主，通过发展养殖业实现安置；第二产业、第三产业安置主要依托当地资源优势，根据农村移民可用劳动力资源，第二产业、第三产业可用资金等因素，选择第二产业、第三产业开发项目，包括运输、建材、建筑、加工和旅游服务等行业；外迁安置是为缓解本地安置容量不足问题，减轻本地区人口资源和环境压力，有组织的出县（省）的外迁安置。

（5）就业安置。就业安置主要采用培训的方式，对从事第二产业、第三产业的劳动力，在上岗前分行业集中培训，以满足第二产业、第三产业安置的需要；农村移民的其他劳动力，将其中具有初中以上文化程度的，分期、分批集中培训，使其掌握 1～2 门科学种植或养殖技术。在移民安置区分别设置优质水果种植、大棚蔬菜种植、规模养殖技术推广示范基地及高效生态农业开发示范基地。培训方式采用委托大专院校、职业中学培训，邀请专家讲课及示范基地现场培训等形式。培训经费来源于移民职业培训费。

（6）社会保障安置。社会保障安置采用养老基金安置方式，养老基金安置是针对移民中的“五保户”及老、弱、病、残等基本丧失劳动能力的人口，在当地后靠移民安置容量不足时，采用养老基金（社会保险或存本取息等）的安置办法，使其基本生活来源得以保障。在有条件的地方，同时配给这部分移民 0.1～0.2 亩/人质量较好的耕、园地，以提高其生活质量。

2. 城镇移民安置

（1）进城镇自购房屋及拆房安置。这种安置方式包括退地自谋职业和不退地纯搬迁安置。移民在城镇购房安置，凭购房协议和相关证明文件与乡镇政府签订搬迁安置补偿合同；公安机关凭协议和相关证明文件、搬迁安置补偿合同、准迁证明，办理户口农转非和迁移手续；国土、房管部门按程序办理《土地使用权证》《房产所有权证》。要求移民在城镇购房、建房，要出示合法建房、购房证明文件；移民投亲靠友进城镇安置，应为投靠直系亲属（仅限于父母、子女、夫妻投靠），不需要购房，凭被投靠人身份证明和房产证、所在单位证明，视为在城镇有房安置。

（2）进县城购买政策性安置房且拆房安置。这种安置方式包括退地自谋职业或不退地纯搬迁安置。移民政策性安置房建设与管理工作由县房管局负责。县房管局凭乡镇政府出具的移民人口身份证明，与移民户主签订购房合同，购房者提交房款总额 10%的预付金，然后，由移民与乡镇政府签订搬迁安置补偿合同，公安机关凭购房合同和搬迁安置补偿合同，办理农转非和户口迁移手续。在移民缴齐全部购房款后，国土、房管部门按程序办理《土地使用权证》《房屋所有权证》。规定移民购买的政策性安置房，在五年内禁止进入市场交易，五年后进入市场交易的必须按规定缴纳土地出让金。移民购买政策性安置房，具有面积限定。例如，按建筑面积 30m^2/人（含公摊面积），但每户不超过 140m^2；在 30m^2/人以内按 1500 元/m^2 购买，超出部分按 2800 元/m^2 购买。有房无人且在灾害体外没有合法正房，在 90m^2/户以内，按 2800 元/m^2 购买。

（3）养老安置。养老安置是人口转移安置的重要组成部分，现行的基本做法是纳入城镇企业职工基本养老序列。另一种做法是从土地、房屋补偿费中划拨一定比例金额纳入养老保险，并将其纳入转移人口与政府签订的协议中。为了推进转移人口自愿转移，迁入地养老统筹也采取补贴一定比例的养老保险金。

（4）就业安置。在促进移民安置就业方面，采取对城镇移民安置人口进行失业登记，提供就业指导、培训、政策咨询等服务，提供就业岗位，建立就业服务平台，改善和优化就业环境制度，提供就业优惠政策；设置就业激励机制，鼓励企业吸纳转移人口并给予补贴，提高生态农业园或生态工业园集中就业、免费就业培训或培训补贴等；在培训方面，可以采取学校制技能培训、行业集中培训、企业订单式培训和示范园现场培训等多种形式；对符合城镇居民最低生活保障条件的移民困难家庭依据城镇居民最低生活保障相关规定提供补助，制定多种形式的生活困难救助制度。

在我国现行制度下，城乡人口大量流动到城市，农村青、壮年劳动力基本都有进城务工的经历。因此，对于大多数转移人口中的劳动人口而言，城镇移民安置顺应了城镇化的大潮。

6.3.3　移民安置补偿分析

移民安置在补偿方面设立多种补偿方式，包括搬迁房屋补偿、附属设施补偿、搬迁困难补助、拆房退地搬迁零星果木损失补偿、搬迁补助、过渡期补偿、副业设施的房屋补助、搬迁基础设施补助、拆房退地安置的退地补助等。

房屋补偿对象为持有《集体土地使用权证》和《房屋所有权证》的农户，若无两证但有《城乡居民建房用地审批书》和《乡村建设规划许可证》或其他相关合法审批手续的农户也可以获得补偿。补偿是针对实际存在的房屋，农户为建房做了投入，并对房屋享有实际使用权，因此无论是否有完整权证还是有合法审批手续的房屋都应给予补偿。然而，对有合法权证的一户几房，采取主屋以外的其他房屋按照房屋补偿单价上浮 70%进行补偿，但不安置。住房安置补偿方式主要有货币补偿安置、统建安置和自行购房等。由于货币安置方式操作简单，遗留问题少，特别是对于那些不满意安置房的家庭，可以推荐货币安置方式，三峡库区的实践中大多数住房安置都是以货币安置方式实现的；统建安置是利用经济适用房、公租房、廉租房、工业园区或农业园区集中安置；自行购房是以迁入地经济适用房价格与转移人口获得的房屋补偿标准之差乘以应安置房屋建筑面积计算货币补偿，由转移人口自行安置住房。

在移民安置补偿标准上，一般采取按现行价格一次性补偿，不计价差。具体补偿标准典型案例如下。

（1）搬迁房屋补偿：正房砖混 490 元/m^2，砖木 355 元/m^2，土木 265 元/m^2；偏房砖木 267 元/ m^2，土木 185 元/ m^2；附属房 132 元/ m^2。

（2）附属设施补偿：砖石围墙 66 元/m^2，砼晒场 66 元/m^2，散畜圈 106 元/处，粪池 291 元/处，地窖 106 元/处，水池 119 元/处，沼气池 1271 元/处，节能灶 424 元/户。

（3）搬迁困难补助：对于困难家庭，如果人均房屋和附属设施获得的补偿人均不足 12 250 元（相当于正房砖混 25m^2 的补偿额），则按困难补助，予以补齐。

（4）拆房退地搬迁零星果木损失补偿：按搬迁安置人口人均 919 元补偿。

（5）搬迁补助：搬迁补助包括拆房费、搬迁运费、误工费、搬迁损失费等，按搬迁人口人均 1059 元补助。对于特殊情况，例如，整户合法房产在灾害体内但户口不在灾害体内的村民小组，灾害体内外都有正房的，正房在灾害体外、附属房在灾害体内，其搬迁补助按登记房屋建筑面积 13 元/m^2 补助。

（6）过渡期补助：搬迁过渡期设为 1 年，按搬迁人口补助过渡期租房费人均 1200 元，生活补助费人均 1200 元。

（7）副业设施的房屋补偿：搬迁副业设施的房屋按前述标准补偿，设施按现行价格计算，设备搬迁和安装按估算确定相应费用，建设用地按 20 000 元补偿，不予还地。

（8）搬迁基础设施补助：搬迁基础设施补助按搬迁人口和去向补助，对于在农村（含县内外）分散建房、购房和进城镇自行购房安置的，按人均 10 000 元补助到户；对于集中建设居民点和进县城购买政策性安置房的，基础设施费不补助到户。对整户合法房产在灾害体内但户口不在灾害体内的村民小组，或灾害体内外都有正房的，或正房在灾害体外但附属房在灾害体内的，其基础设施费按国土部门认定的建筑占地面积 53 元/m^2 补偿。

（9）拆房退地安置的退地补助：拆房退地安置的退地补助可以为生产安置费，按核定的灾民生产安置人口人均 25 000 元补助到户。

综上所述，在我国，当前农村移民安置和城镇移民安置依然是避灾移民主要采用的方式，移民是被安置的主体，移民自身对安置方式的感受最重要。分析发现，移民对待搬迁，关心的核心问题是补偿政策。对于避灾移民的安置，政府起主导作用，如何确保移民权益得到落实，政府担当什么责任，是重要的研究课题。

6.4　移民安置与补偿扶持创新探讨

避灾移民既是政府关注的民生安全战略也是民生发展战略，由于灾害区域往往都是贫困地区，移民普遍生活贫困，从危险区域搬迁至安全区域，原有的房屋、宅基地、承包的农田、山林、渔场、经济作物等都会失去，将会加重贫困。因此，世界各国政府都采取不同程度的经济补偿，补偿模式多种多样，一般从移民的生产、生活两个方面考虑。

由于避灾移民不同于工程性移民，一方面，避灾移民具有自愿性和非自愿性双重特征，灾害威胁人的生命、财产安全，人们出于保护自身的目的，迁移内在动力具备，但是，由于灾害是否真正发生无法准确预知，加之迁移对一个家庭来说付出代价巨大等多重复杂问题交织，移民会出现犹豫。另一方面，避灾移民自身具有多重性，因自然灾害风险威胁导致对高风险区域人口迁移，遵循保护生命是第一位的，国家或各级政府做出避灾移民决策；也有因人类工程活动等导致后期自然灾害加剧并形成灾害风险的，从而做出避灾移民决策。上述分析表明，避灾移民是一项政府为主导、移民为主体、具有防灾减灾和民生建设战略意义的系统工程，对如何减轻政府在避灾移民安置与补偿扶持中的巨大压力，又能为移民提供切实有效的帮助，顺利完成避灾移民的目标，探索避灾移民安置与补偿扶持的创新模式具有意义，笔者通过对中外案例对比分析，重点研究几种理念较为先进的移民安置补偿模式（郑瑞强和王英，2007；Hu et al.，2013），以提升移民自我发展能力、提高移民安置补偿扶持的灵活性和弹性为着眼点。

6.4.1　自建家园安置与补偿扶持

自建家园安置与补偿扶持模式是提供政府补偿和专业指导，由避灾移民家庭自主建房的援助策略。自主建房所需建筑材料（包括一定数量的卫生和电气装置及建筑工具）供应通过发放供应券（带防伪标记）的方式进行。为保证房屋质量，政府组织移民建房技能培训，规定建好房屋按具体规定 5～10 年内不允许转让。当住房供给不足时，在公证的监督下，通过发行彩票选择受益者进入自我重建援助系统，保证其透明度与可信度。在房屋建成并居住了两年之后，由国际环境发展机构给出外部评估。在土地方面，城市化发展需要的土地由地方政府统筹规划，基础设施建设（如街道、水电、网络、运输等）由国家和地方投资建设，受益者无须支付费用。为了配合工程有效实施，各地负责举办交流会共享经验，训练和强化专业团队，组织社会工作者参加远程学习。

为了确保实施过程的规范化，需要建立完善的组织机构和跨部门协作机制。在组织机构、职责分工、部门协同机制等方面体现各级机构与社会力量之间的密切合作。以县为例，各县主管部门（A）与县住房机构（B）、乡（镇）住房管理机构（C）、材料供应商（D）相互联系，规范权利、义务，职责分工明确，采取法律协议约束，体现了从提供建筑材料到技术支持，到社会援助等精细化管理特色，形成了如图 6.9 所示各方协议与职责的关系。

该模式在拉美国家已经成为成功的经验（Correa，2011b），也称“移民安置自我重建援助系统”。实际上，在拉美国家启动的移民安置自我重建援助系统，多为世界银行项目，项目要由拉丁美洲地区国际环境与发展学会（International Institute for Environment and Development-Latin America，IIED-LA）进行复审，随后由一个独立的顾问组织进行后评估。评估中对自我重建援助系统均评价很高，通过该项目的实施，之前没有自建房屋经验的受益者 92%学会了建筑技巧，且其中 41%的人通过做临时工，收入显著增加，并得到了就业机会。另外，根据调查结果，91%的受益者认为他们的家庭生活质量变好。

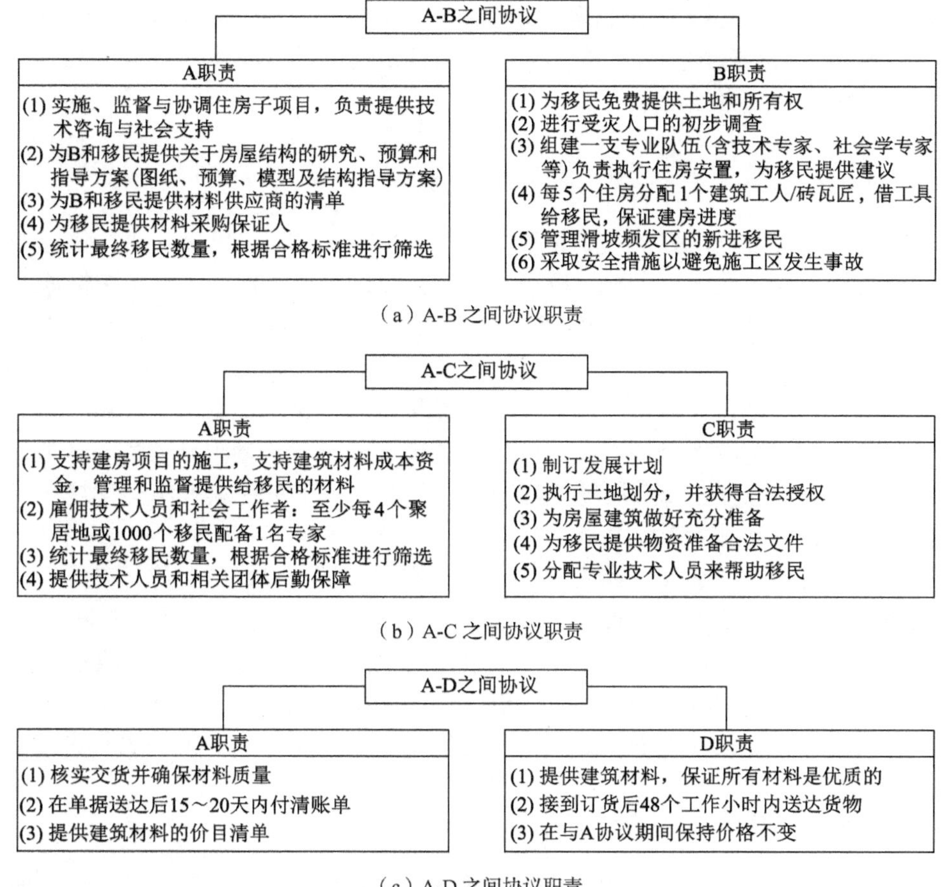

（a）A-B 之间协议职责

（b）A-C 之间协议职责

（c）A-D 之间协议职责

图 6.9　各方协议与职责

实践经验表明：将避灾移民纳入风险管理体系，健全组织机构，实施有效的移民补偿，激发移民自身能力，加强精细化管理，明确各层级组织的权利、义务和责任，并以法律协议约束，不仅保护了移民的生命、财产安全，还保证了移民的社会经济重建、恢复和改善，提高了移民就业机会及生活质量。

6.4.2　实物补偿扶持

实物补偿扶持是用物品（如粮食等）或货币等实物逐年补偿其土地资源产值的损失。实物补偿扶持的优点在于可以分期补偿，长线运行，可以分散移民安置的投资压力，缩短移民安置的工作时间，减轻政府进行移民安置的难度；保证农民耕地收入，消除移民的生活后顾之忧，并逐步将农村劳动力向城镇转移，推进城镇化建设，这种方式符合我国目前城镇化建设发展趋势与总体规划。但是，随着国家经济发展，逐年实物补偿标准可能会发生变化，从而导致移民攀比现象发生，产生使移民心理预期失衡的风险。实物补偿安置适合移民数量少，人均土地少，土地安置容量紧缺的情况。

6.4.3 出租土地入股补偿扶持

出租土地入股补偿安置主要是采取资源置换的方式，移民投入原居住地的耕地作为资本参与当地建设，对耕地按照政府公布的当年年产值，逐年按耕地的数量实施入股补偿兑现（粮食或现金），实现效益共享，或理解为一次性补偿、长期补偿和后期扶持组合的形式。我国已经出台了相关政策文件规范土地入股安置方式。2004 年国务院下发的《国务院关于深化改革严格土地管理的决定》明确规定“对有稳定收益的项目，农民可以将依法批准的建设用地土地使用权入股”，在《关于完善征地补偿安置制度的指导意见》中，关于被征地农民安置途径明确提出了“入股分红安置”。

出租土地入股补偿安置模式的优点是尊重了被用地农民的意愿，农民分享了土地增值收益，保障了长期收入来源和利益，降低了土地使用成本，推进了农民向第二产业、第三产业转移，加快了城市化建设进程。但是，土地入股投资具有潜在的市场风险和税收负担风险，以集体土地使用权作价缺乏依据，具有价格风险。出租土地和入股补偿安置适用情况与实物补偿安置类同，但是更具灵活性。

6.4.4 带地入股补偿扶持

带地入股补偿扶持是指移民将用地使用权投资到新的土地利用与开发项目中，根据所占股份比例分享收益。

带地入股补偿扶持的优点是保障了出租土地的农民长期而稳定的收入来源，保证了移民利益不受侵害，甚至带来了收益，同时促进了移民向第二产业、第三产业转变。这种方式减少了移民过程所付出的成本。但是，带地入股补偿扶持作为一项土地制度改革的新生事物，在我国现行的土地管理市场体制之下还将面临一些风险，包括土地资本进入市场的风险、土地评估和使用权作价被低估的风险、利益相关者之间协同风险、委托代理风险和税收等风险。带地入股安置适用情况同实物补偿安置类同，其选择决定于移民的意愿。

6.4.5 进一步思考及建议

在避灾移民安置模式与补偿扶持机制建设方面还有很长的路要走，在实际工作中，还有更多的工作需要思考与创新：①实现社会经济重建，移民安置工作不仅要减少对迁移人口的负面影响，还要减少对继续在原址生活的人口和新址人口的负面影响。②按全部重置成本，移民获得有效的补偿，以抵消迁移造成的直接财产损失，并在搬迁期间给予补贴性的补偿帮助，根据恢复生产和生活水平可能需要的时间合理估算出过渡期，在此过渡期内给予帮助；除按重置成本获得有效补偿外，还应给予诸如信贷、培训或就业方面的发展援助。③对于靠土为生的家庭应当优先考虑依土安置计划，提供替换的土地条件至少应该等同于征收土地前的条件，如果因公共用地或保护区等因素造成无法安置或者无法按照合理的价格获取足够的土地，除了土地和其他财产损失的现金补偿外，还应另行提供以就业或自谋生产、生活机会为主的离土安置方案。④在移民安置过程中，要特别关注移民中弱势群体的需要，尤其是那些处于贫困线以下的人群（老年人、残疾人、单亲家庭、妇女、儿童和少数民族等）。⑤在新的移民安置区，提供必要的基础设施和公共服务，以改善、恢复或保持移民及安置区原有的设施条件和服务水平，提供可替代的资源，弥补可能的损失（如渔区、牧区、生产资料等），保存或恢复移民及安置区现有的文化传统习俗和社会网络。⑥最后要特别强调移民应享有的权利要得到尊重，充分的利益表达是现代社会中一项基本的公民权利，也是政府决策者和社会管理者制定社会政策、解决社会问题，以及实施社会管理的基本前提和重要信息依据（郑瑞强和王英，2007）。信息沟通是建立各方互信的有效途径，有效的申诉与问责制度，是实现移民安置过程信息公开、透明，增进移民个体和公共部门之间信任的基本保证。规范投诉与问责程序，建立第三方组织处理纠纷和法律援助服务（陕西省国土资源厅，2011），在新媒体时代，充分利用信息技术，及时发布信息，增强互动，切实保障移民合法权益。

6.5　小结

为了使移民能搬得出、留得住、生活水平有较大提高，以现代区域规划理论为指导，兼顾个人利益、地方利益和国家利益的协调发展，多种安置模式并举，补偿扶持灵活，将是未来避灾移民安置的发展方向。

本章采用层次化结构对避灾移民安置模式进行了分类，以集中安置与分散安置为顶层，依次按农村移民安置与城镇移民安置进一步细化，结构清晰，易于操作。

本章还针对各类移民模式进行了分析，阐述了其优势及应用范围。包括集中安置与分散安置，农村移民安置与城镇移民安置，本地安置与外迁安置，小城镇安置，第二产业、第三产业安置和产业园区安置，投亲靠友安置与自谋职业安置，政府调剂土地安置与养老保险安置等。

探讨了三峡库区滑坡避灾移民安置与补偿实践模式，包括农村移民安置（后靠避险搬迁及拆房不退地安置、出组建购房及拆房退地安置）和城镇移民安置（进城镇自购房屋及拆房安置、进县城购买政策性安置房且拆房安置），以及搬迁房屋补偿、附属设施补偿、搬迁困难补助、拆房退地搬迁零星果木损失补偿、搬迁补助、过渡期补偿、副业设施的房屋补助、搬迁基础设施补助、拆房退地安置的退地补助等，具有代表性，可供参考借鉴。

在此基础上，以提升移民自身能力发展为目标的移民安置与补偿扶持新理念，包括自建家园安置与补偿模式、实物补偿扶持模式、出租土地入股补偿扶持模式、带地入股补偿扶持模式，能增强移民自身的从业能力，促进移民自我发展能力的提高，增强补偿扶持的灵活性，减轻政府后期补偿扶持压力，促进移民可持续发展。

第 7 章　总结与展望

避灾移民是一项复杂的系统工程，不仅涉及组织性和技术性问题，还涉及许多社会、经济、法律、环境和心理等问题，必将成为风险社会需要面对和解决的一道发展难题。自 20 世纪后期以来，我国自然灾害呈现出多发性且破坏性大的总体特征，国家应对突发自然灾害和重大社会变动的能力还不足，常以“受灾—重建—再受灾—再重建”的循环模式解决问题（何得桂和鄢闻，2014）。随着社会的发展、理念的更新和技术的进步，推进避灾移民工程作为可持续避灾方式，科学预测与防范，变“因灾移民”为“因险移民”已逐渐被政府和社会所认可。

面对灾害、风险威胁，作出的避灾移民决策应以科学的风险评估为依据；移民搬与不搬应以尊重移民的迁移意愿为前提；规避或化解移民搬迁引发的社会、经济等多重问题应以避灾移民风险评价为基础；移民安居致富应以有效的移民安置与补偿为保障。除此之外，其还涉及众多问题，可见，避灾移民必将成为移民科学与管理研究方向的重要课题之一。

本章将首先对研究总结进行评述，其次进一步探讨避灾移民安置规划，最后进行研究展望。

7.1　研究总结

7.1.1　从灾害风险管理的视角研究避灾移民

灾害风险管理包括灾害风险评估与风险处置两部分，灾害风险评估是风险处置的基础，风险处置是为应对风险提出的决策和措施，而避灾移民是风险处置决策的一种。

灾害风险管理分为纠偏性风险管理和前瞻性风险管理两种。对于滑坡地质灾害避灾移民而言，在滑坡灾害风险已存在但尚未发生前，采取工程治理与防护等措施降低风险，实施风险监控，建立预警制度与机制，以便有效地做出应急响应，理论上视为保守纠偏性风险管理；将规避灾害风险与未来发展目标有机结合，保护移民利益，赋予移民更多的权利，促进当地社会经济发展，并通过政府部门、非政府组织、家庭和个人实施避灾移民项目来达到管理灾害风险的目的，理论上视为激进纠偏性风险管理；在滑坡灾害风险尚未识别出来或风险尚未产生前，通过政府部门、非政府组织、家庭和个人制定发展战略规划并实施，避免风险产生、灾害发生或遭受灾害危及，则理论上视为前瞻性风险管理。

避灾移民是一种从“因灾移民”向“因险移民”理念的转变，是一种防灾减灾长效机制，以灾害风险管理理论指导避灾移民实践更具有科学性。

7.1.2 以灾害风险评价作为避灾移民的决策依据

避灾移民具有实施难、投资大、系统复杂、优势明显、风险与机遇并存等特点，作出避灾移民决策需要科学依据，对处于高风险区域人口实施移民搬迁的前提是“高风险”。因此，评估灾害风险程度便是避灾移民决策的前提基础。

风险评估包括风险区划、风险识别、风险分析和风险评价四个环节及流程，笔者认为：对于滑坡灾害，风险区划和风险识别更加突出地质工程领域技术层面上的问题，具有很强的专业性，而风险分析和风险评价则更突出方法层面上的问题，需要具有科学性和实效性。根据风险管理基本原则和中外地质灾害风险评估实践案例分析，本书研究定位在以定性分析为主和定量分析为辅的方法上。

建立较为完善的指标评价体系和专家评价系统是对灾害危险性分析及危害性分析的核心。在灾害风险评价研究中，本书提出了运用风险矩阵法进行风险评价，方法的核心在于通过灾害危险性和危害性计算其风险度，用风险度与灾害风险可接受水平标准容限比较确定风险可接受水平等级，分为可接受风险、可容忍风险和不可接受风险三个等级，并进行了风险排序。

以风险管理理论为指导，依据风险可接受水平等级提出风险处置策略，决定是否有必要开展避灾移民。研究结论为：对于可接受风险，实施风险监控，不必开展避灾移民；对于可容忍风险，实施风险降低，如针对滑坡灾害实施的工程治理和防护等风险降低措施。但是，经过成本效益核算发现其他风险降低措施不及避灾移民，建议实施避灾移民；对于不可接受风险，从风险管理角度来说，应不计成本降低风险，既能摆脱风险又有利于移民脱贫致富和经济社会重建发展的有效措施就是避灾移民。避灾移民若能够有效实施，必将对移民个体、家庭、单位和区域是一次发展战略机遇。

7.1.3　避灾移民以保护生命和移民致富为主要目标

避灾移民从字面上可解释为："对居住在灾害风险高发区所有或部分居民实施重新安置。"但是，避灾移民不仅在于移民搬迁，更有其深层次内涵，通过对其进行分类分析、特征分析、优势分析、潜在风险与发展机遇分析，理清了避灾移民基本目标，为本书后续研究奠定了基础。

研究发现：避灾移民与其他各类移民（如工程移民、水利移民、灾害移民、环境移民、气候移民和生态移民等）相比较更加突出其预防性。保护生命和财产安全是避灾移民的直接优势，实现社会经济重建则是避灾移民的间接优势，对比灾后移民重建，避灾移民还具备潜在的成本优势。避灾移民在社会、经济、政策法规、人居生态环境、心理适应与舆情等方面既有风险又存在机遇，主要目标是保护生命和移民致富。通过避灾移民，摆脱灾害风险对移民的生命和财产威胁，帮助移民摆脱贫困，实现生产、生活平稳恢复和逐步致富，促进区域社会经济重建与发展。为了实现可持续发展，同时要对移民搬出地和破坏生态环境的人类活动进行管控。

7.1.4　提高移民迁移意愿度有利于减压增效

研究发现：人口迁移动力与迁出地灾害风险、不利的社会和经济条件有关；与迁入地良好的自然环境、生产生活条件和社会经济条件有关；与政府的政策推动和移民家庭的综合能力与诉求满足有关。结合推拉理论构建并研究人口迁移价值取向模型，得出转移人口诉求期望是由迁移的拉力因素和推理因素综合而形成的；迁移阻力与移民自身迁移能力、政府对人口迁移的推进政策和移民期望值差距有关；人口迁移推进效果与减小阻力的程度有关；最后，移民能否自主搬迁与推进配套政策、激励效果和人口转移期望相关联。进而，本书从多个角度提出避灾移民人口迁移动力机制，加强政策保障激励，增加人口迁移推力；加强移民利益激励，加大人口迁移拉力；加强民生愿景激励，减小人口迁移内外阻力；加强政府与民众互动激励，增强人口迁移合力，形成推进人口转移的正向激励、二次推力、反向激励、降低阻力和实施互动合力激励的避灾移民推进机制，通过提高移民迁移意愿度缓解移民的社会经济压力，提升避灾移民效率。

为了了解避灾移民迁移意愿影响因素，结合三峡库区避灾移民案例，采用 Logistic 回归方法对移民意愿进行实证分析，研究结果表明：移民年龄、老龄人口数量、原居住房屋面积、原住地规模、是否了解滑坡应对措施与避灾移民意愿呈负向关系；少儿数量、原居住房屋位置、高风险土地停耕面积、医疗保险参与情况与避灾移民意愿呈正向关系。这一研究结果对该地区推进移民搬迁，建立有效的推进机制，以及避灾移民安置模式与规划的制定均具有参考价值。

7.1.5　从避灾移民迁移风险评价找出风险诱因

避灾移民潜在风险与发展机遇并存，只有预测风险和辨清风险，才能对症下药和摆脱风险，才能变风险为发展机遇。

研究表明：避灾移民风险影响具有多重性，包括社会、经济、政策法规、生态环境、移民心理和舆情等，因素指标之间既相互影响又相互制约，为风险评价增加了复杂性和难度。本书提出了采用网络分析法进行避灾移民风险评价，该方法解决了指标体系中同层级指标相互影响、上、下层指标间相互影响的情况，使其评价具有一定的完整性和客观性，得出了风险要素排序，为进一步研究避灾移民安置与补偿模式等内容提供了重要的支持。

结合三峡重庆库区避灾移民案例，运用网络分析法进行避灾移民风险评价，选择了 15 个二级指标参与评价，结果表明：规避二次灾害风险的能力、避灾移民政策的连续性及移民边缘化程度位列避灾移民风险的前三位，而舆情监管能力、补偿标准合理性及移民信访率位列避灾移民风险的后三位。基于此，避灾移民安置中应重视对迁入地环境和地理位置的选择，保持移民政策的连续性，加强各利益相关群体间的融合，及时化解利益团体的矛盾纠纷，避免移民边缘化。评价中，环境可持续发展能力、移民年人均收入增长率、迁入地自然资源承载能力、移民在迁入地的融合程度、恩格尔系数、移民社会保障满意程度的风险对避灾移民的影响次之，因此，政府需要加强避灾移民政策制定前的调查、论证和沟通，合理配置安置地区发展资源，拓展环境资源容量，完善环境生态补偿，有效地解决迁入地过载的问题，完善社会保障，确保避灾移民生活水平在原基础上不下降，实现环境可持续发展。评价中，舆情监管能力、补偿标准合理性及移民信访率等对避灾移民的风险较小，这与当地政府在舆情监管方面做了大量工作，舆情监管能力和突发事件应急响应能力相对健全，移民补偿标准公开透明、基本合理，比较符合移民心理预期，移民安置政策在移民权利和利益保障方面比较完善有关。

7.1.6　避灾移民规划与实施到位可将移民风险转为发展机遇

做好避灾移民规划十分重要，是规避和化解多重迁移风险的有效途径，也是决定避灾移民目标能否顺利实现的关键。

以现代区域规划理论为指导，强调经济、社会和生态环境等综合协调发展与可持续发展；强调参与主体的广泛性和民主性；强调协调发展、公众参与、动态调控。重视规划准备阶段的选址、机构建设、机制建设和信息系统建设；重视规划分析阶段对安置人口分类和人口的社会经济性分析；重视规划制定阶段的移民安置计划、应急响应计划和风险地修复计划的制订。规划与实施落实到位，加之政策、资金和组织保障得力，基础设施与公共服务充足，避灾移民将会在社会、经济、政策法规、生态环境、心理适应与舆情等领域获得新的发展机遇，顺利实现“风险避得开，整体搬得出，长期稳得住，致富靠得住”的避灾移民目标。

7.1.7　多种移民安置模式并举与提升补偿扶持弹性

避灾移民安置模式的选择是避灾移民安置成功与否的关键之一，以政府为主导，移民为主体，多种安置模式并举，补偿保障到位是移民安置取得成功的基本保证。研究表明：现存移民安置模式种类繁多，特点不同，本书采取层次化分类方法将避灾移民安置模式进行了分类研究。

第一层划分为集中安置和分散安置。第二层按照农村安置和城镇安置划分。第三层进一步细化，将本地安置和外迁安置对应于集中安置下的农村移民安置；将第二产业、第三产业安置，小城镇安置和产业园区安置对应于集中安置下的城镇移民安置；将投亲靠友安置和政府调剂安置对应于分散安置下的农村移民安置；将自谋职业安置、养老保险安置、投亲靠友安置和政府调剂安置对应于分散安置下的城镇移民安置。

避灾移民既是政府关注的民生安全战略也是民生发展战略，具有政府主导与利益驱动相结合的移民特征，兼顾自愿性和非自愿性双重属性，同时由于灾害区域多处于贫困地区，生活普遍贫困，为了避免移民搬迁再次加重贫困，对迁移人口需要给予移民安置补偿和后续扶持过程。因此提出了以下两点建议。

（1）根据移民意愿及移民区域的具体特点，提供多种模式供移民选择将作为未来移民安置发展的方向。要充分发挥政府的主导作用，维护移民的合法权益，以确保避灾移民目标的实现。

（2）提升移民自我发展能力，增强移民安置补偿扶持弹性和灵活性，缓解政府的财政等多方压力。通过研究自建家园安置与补偿、实物补偿、出租土地入股补偿、带地入股补偿模式特征，本书认为自建家园模式不仅能够解决安置，还能够培养受益者的建房技能，增强就业途径和增加收入，但是需要组织机构和协调机制提供保障；实物补偿模式能够简化移民安置复杂度，减少投入，且有利于推进城镇化移民安置，但是逐年实物补偿标准调整变化可能导致移民攀比，产生使移民心理预期失衡的风险；出租土地入股补偿模式能够使农民分享土地增值收益，降低土地使用成本，推进农民向第二产业、第三产业转移，更具灵活性，但是土地入股投资具有潜在的市场风险和税收负担风险等；带地入股补偿模式能够保障农民长期有稳定的收入来源，减少移民成本，促进移民向第二产业、第三产业转变，但是在现行的体制下将面临诸如土地资本入市风险、以集体土地使用权作价被低估风险、持股主体的道德风险和委托代理风险及税赋等问题。

7.2 研究展望

任何一项研究总有未尽之处，尽管笔者在众多前辈学者的研究成果基础之上竭力探索，但受本人知识和研究水平的限制，有关问题的探讨也只是初步的，书中还存在诸多不足，有待完善和进一步地研究。同时，建立完善的避灾移民管理体系还有很长的路要走，需要多学科知识融合，需要进行大量的理论研究和实践探索。

7.2.1 滑坡灾害风险评估方法问题

书中提到的评估方法仅限于对单体滑坡灾害的危险性和危害性定性分析，探讨的评价指标体系立足于三峡库区，拓展应用及其完备性尚需进一步分析；风险评估的定性分析法与定量分析法的对比分析，以及两种方法的有机融合也是本书的未尽之处，仍需继续探讨。

7.2.2 对避灾移民认知的全面性问题

书中虽然对避灾移民的定义、分类、特征、优势、风险、机遇和目标进行了系统分析和归纳，但是，因避灾移民是继灾害移民之后出现的新概念，其内涵仍需进一步思考，并不断完善。

7.2.3 对避灾移民迁移风险的辨识完整性问题

书中对避灾移民迁移风险从社会、经济、政策法规、生态环境、移民心理和舆情等方面进行了分析，但是，这些风险的识别范围是否完备，不同区域的风险特征及其指标体系的优化等问题尚需进一步研究。

7.2.4 避灾移民不同的利益相关者风险分析问题

本书在第 5 章着重分析了避灾移民利益相关主体（移民）迁移风险，事实上，避灾移民涉及的利益相关者除移民主体以外，还包括中央政府、地方政府、规划单位、建设单位、运行管理单位、风险地原居民、迁入地居民、社会公众等，在资源提供、损益影响、承担风险、相关利益等方面，均具有利益相关者特征，对其进行利益相关类型深入分析，例如，所有权型、经济依赖型和社会利益型，自愿型和非自愿型，契约型和公众型，主要的社会利益相关者、次要的社会利益相关者、主要的非社会利益相关者、次要的非社会利益相关者，等等，进行风险评价，进而探讨避灾移民综合风险管理。

7.2.5 对避灾移民安置成效问题

本书中分类分析了集中安置和分散安置、农村安置和城镇安置等多种安置模式及补偿方式，目的是通过移民安置，在规避灾害风险威胁的同时，帮助移民脱贫致富，实现社会经济的可持续发展。但是，由于现存土地资源短缺，人地矛盾突出，这严重制约了移民在新居住地的可持续发展，因此，移民选址、移民安置环境容量评估分析等问题还需要探讨。

7.2.6 我国现行户籍制度改革下的移民安置问题

2014 年我国户籍制度改革全面启幕，呈现五大亮点：一是取消农业与非农户口界线，建立城乡统一的户口登记制度；二是严格控制特大城市人口规模，建立完善积分落户制度；三是调整户籍迁移政策，引导人口在农村、乡镇、城市之间逐步实现“梯度转移”；四是健全人口信息管理制度，实现政策精准有效；五是坚持依法、意愿、有偿原则，引导农业转移人口有序流转土地承包经营权。在这种新的制度框架下，审视并思考移民安置问题，将有更大的探索空间。

综合体会，由于避灾移民安置的相关政策、法规、标准和指南等尚未形成体系，同时自然与社会大系统在不断变迁并始终处于动态运转，社会在进步，制度在变革，因此，避灾移民的研究工作还任重道远。

参 考 文 献

曹筠武. 2009. 230万人告别家园——三峡再移民. http//business.sohu.com/20071122/n253421820.shtm/[2015-07-31].
曹钰. 2008. 移民边缘化风险及其对策研究——以失地农民为例. 经济论坛, (20): 135-137.
陈阿江, 施国庆, 吴宗法. 2000. 非志愿移民的社会整合研究. 江苏社会科学, (6): 81-85.
陈广华, 施国庆. 2012. 失地农民安置模式研究. 山西财经大学学报, (s1): 23-27.
陈金明, 徐立勤. 2011. 和谐社会视野下非自愿移民安置模式之比较. 农村经济, (2): 121 -125.
陈绍军, 曹志杰. 2012. 气候移民的概念与类型探析. 中国人口·资源与环境, 22(6): 164-169.
陈伟, 许强. 2012. 地质灾害可接受风险水平研究. 灾害学, 27(1): 23-27.
陈勇. 2009. 对灾害与移民问题的初步探讨. 灾害学, 24(2): 138-144.
陈勇, 谭燕, 茆长宝. 2013. 山地自然灾害、风险管理与避灾扶贫移民. 灾害学, 28(2): 136-142.
陈悦. 2004. "农转非"中的突出问题研究——重庆高新技术开发区"农转非"专题调研. 探索, (6): 120-122.
陈志祥. 2004. 基于 ANP 理论的供需协调绩效评价模型与算法. 计算机集成制造系统, 10(3): 286-291.
程鹏立, 李红远. 2009. 水利水电工程移民安置社会评价研究. 中国农村水利水电, (4): 119-123.
程燕, 王顺克. 2011. 基于生态补偿的三峡移民社会保险构建研究. 改革与战略, 27(7): 84-87.
崔功豪, 魏清泉, 陈宗兴. 1999. 区域分析与规划. 北京: 高等教育出版社.
邓曦东. 2008. 中国非自愿移民的补偿制度创新研究. 经济学家, (3): 65-70.
邓曦东, 罗继康, 王小俊, 等. 2009. 三峡库区地质灾害防治的经济效益探析——以湖北省秭归县为例. 防灾科技学院学报, 11(4): 12-15.
董泽宇. 2013. 德国突发事件风险分析方法及其经验借鉴. 行政管理改革, (2): 56-61.
樊蓓蓓. 2011. 基于网络分析法的模块化产品平台关键技术研究. 杭州: 浙江大学.
方中权, 陈烈. 2007. 区域规划理论的演进. 地理科学, 27(4): 480-485.
冯明放, 冯亮. 2011. 陕南移民搬迁应处理好十大关系. 产业与科技论坛, 10(15): 13-14.
冯雪红, 聂君. 2013. 宁夏回族生态移民迁移意愿与迁移行为调查分析. 兰州大学学报(社会科学版), 41(6): 53-59.
高杨. 2012. 避灾移民项目社会影响评价研究. 西安: 西北大学.
贵州省水利水电工程移民局. 2010. 龙滩水电站贵州库区无法落实生产安置移民耕地长期补偿

宣传提纲. 贵阳: 贵州省水利水电工程移民局.
郭跃. 2006. 自然灾害的风险特征及风险管理模型的探讨. 水土保持研究, 13(4): 15-18.
郭跃. 2008. 自然灾害的社会学分析. 灾害学, 23(2): 87-91.
郭志明. 2006. 灾害风险管理. 武汉化工学院学报, 28(5): 95-97.
国土资源部. 2006. 《县(市)地质灾害调查与区划基本要求》实施细则. 北京: 国土资源部.
国务院办公厅. 2011. 国务院关于加强地质灾害防治工作的决定. 北京: 国务院办公厅.
何得桂. 2013a. 陕南地区避灾移民工程可持续性研究. 中国国情国力, (6): 49-51.
何得桂. 2013b. 陕南地区大规模避灾移民搬迁的风险及其规避策略. 农业现代化研究, 34(4): 398-402.
何得桂, 党国英. 2012. 陕南避灾移民搬迁中的社会排斥机制研究. 国家行政学院学报, (6): 84-88.
何得桂, 李卓. 2013. 陕南地区大规模避灾移民活动的制约因素与政策建议. 前沿, (10): 118-120.
何得桂, 廖白平. 2014. 机遇与挑战: 西部地区开展避灾移民的 SWOT 态势分析——以陕南为例. 灾害学, 29(2): 95-101.
何得桂, 鄢闻. 2014. 灾害风险视域下避灾移民的迁移机理与现状及对策. 农业现代化研究, 35(3): 299-303.
胡继明. 2005. 三峡库区移民安置现状与后期产业扶持的必要性. 重庆社会科学, (9): 121-124.
胡静. 2007. 非自愿移民相关研究综述. 湖北经济学院学报(人文社会科学版), (7): 28-29.
胡瑞林, 范林峰, 王珊珊, 等. 2013. 滑坡风险评价的理论与方法研究. 工程地质学报, 21(1): 76-84.
胡志绚. 2010. 宁夏人口迁移及其影响因素研究. 宁夏大学硕士学位论文.
简文彬, 吴振祥. 2015. 地质灾害及其防治. 北京: 人民交通出版社.
江治强. 2008. 我国自然灾害风险管理体系建设研究. 中国公共安全(学术版), 3(1): 48-51.
姜冬梅. 2012. 草原牧区生态移民研究. 咸阳: 西北农林科技大学.
柯利亚 E, 胡子江, 姜源. 2012. 全球灾害趋势及其风险影响分析. 水利水电快报, 33(9): 13-14.
克雷亚 E, 胡子江, 姜源. 2012. 灾害风险管理政策框架及移民安置策略. 水利水电快报, 33(6): 7-8.
李敏昌, 吴淑娴, 谭家军. 2006. 三峡后靠移民发展取得的成就、存在的问题与对策——以湖北秭归县郭家坝镇为例. 水利经济, 24(3): 78-80.
李天碧, 张绍山. 2001. 我国水库移民政策与实践. 中国水利, (5): 38-39.
联合国国际减灾战略. 2009. 2009UNISDR 减轻灾害风险术语. http://www.egouz.com/topics/ [2011-1-30].
林毅夫. 2000. 再论制度、技术与中国农业发展. 北京: 北京大学出版社.
刘广润, 徐开祥. 2003. 三峡水库岸沿岸移民区地质灾害防治研究. 工程地质学报, 11 (1) :

85-88.
迈克尔 · M. 塞尼. 1998. 移民 · 重建 · 发展——世界银行移民政策与经验. 南京: 河海大学出版社.
牛雅妮. 2008. 我国失地农民安置模式比较研究. 中国国土资源经济, 21(5): 21-23.
潘斌. 2013. 淳安悬下山搬迁移民实践与规划. 杭州: 浙江大学.
潘科, 朱玉碧. 2005. 现有失地农民安置方式的比较分析. 西南农业大学学报(社会科学版), (2): 62-65.
彭令, 牛瑞卿, 赵艳南, 等. 2013. 区域滑坡灾害风险评估——以长江三峡库区秭归县为例. 吉林大学学报(地球科学版), 43(3): 891-901.
阮欣, 尹志逸, 陈艾荣. 2013. 风险矩阵评估方法研究与工程应用综述. 同济大学学报(自然科学版), 41(3): 381-385.
萨尔瓦诺, 布里塞尼奥. 2013. 防治自然灾害 瞄准脆弱环节. http://www.doc88.com/p-6866100002993. html [2014-06-30].
陕西省国土资源厅. 2011. 陕西省国土资源厅关于避灾移民搬迁安置用地有关问题的通知(陕国土用发〔2011〕44 号). 西安: 陕西省国土资源厅.
尚志海, 刘希林. 2010a. 国外可接受风险标准研究综述Ⅲ. 世界地理研究, 19(3): 72-80.
尚志海, 刘希林. 2010b. 可接受风险与灾害研究. 地理科学进展, 29(1): 23-30.
盛济川, 梁爽, 施国庆. 2009. 中国农村非自愿性移民自愿迁移的经济分析. 西北人口, 30(3): 8-13.
施国庆. 2006. 移民的社会影响分析. 青岛: 中国水利学会.
施国庆. 2011. 三峡库区生态屏障区人口转移政策与机制工作大纲. 南京: 河海大学中国移民研究中心.
施国庆. 2012. 移民迁建与发展——百色水利枢纽云南库区移民实践与探索. 南京: 河海大学出版社.
施国庆, 陈琛. 2010. 农村水库移民养老保险安置方式研究. 人民黄河, 32(6): 1-2.
施国庆, 郑瑞强, 周建. 2008. 汶川大地震反思灾害移民权益保障与政府责任——以 5 · 12 汶川大地震为例. 社会科学研究, (6): 37-43.
施国庆, 郑瑞强, 周建. 2009. 灾害移民的特征、分类及若干问题. 河海大学学报, 11(1): 20-24.
时允昌, 王德海, 刘燕丽. 2013. 移民安置后评价的利益相关者分析模式及应用. 人民黄河, 35(1): 135-137.
世界银行. 2014. 避灾移民行动指南.
税伟, 徐国伟, 兰肖雄, 等. 2012. 生态移民国外研究进展. 世界地理研究, 21(1): 150-157.
苏青, 施国庆, 余文学, 等. 2000. 工程移民兼业安置探讨. 河海大学学报(哲学社会科学版), 2(2): 10-14.
孙施文. 1999. 规划的本质意义及其困境. 城市规划汇刊, (2): 6-9.

孙田野, 马才学, 郭洁雯. 2011. 基于Logistic模型的非自愿性移民迁徙分析. 中国人口·资源与环境, 21(1): 110-114.

孙元明. 2010. 三峡库区“后移民时期”的概念、定义及其意义. 重庆行政: 公共论坛, 12(1): 12-13.

孙中良, 施国庆. 2012. 水库移民可持续性生产生活系统评价研究. 北京: 社会科学文献出版社.

汤筠, 孟芊, 杨永恒. 2009. 区域规划理论研究综述. 求实, (s2): 140-143.

唐宏, 张新焕, 杨德刚. 2011. 农户生态移民意愿及影响因素研究——基于新疆三工河流域的农户调查. 自然资源学报, 26(10): 1658-1669.

唐小丽. 2007. 模糊网络分析法及其在大型工程项目风险评价中的应用研究. 南京: 南京理工大学.

唐小丽, 冯俊文, 王雪荣. 2005. 基于网络分析法的项目风险管理. 统计与决策, (16): 147-148.

汪华斌, 吴树仁. 2008. 滑坡灾害风险评价关键理论与技术方法. 地质通报, 27(11): 1764-1770.

汪敏, 刘东燕. 2001. 滑坡灾害风险分析研究. 工程勘察, (2): 1-6.

王华, 彭华. 2009. 城市化进程中郊区农民迁移意愿模型——对广州的实证研究. 地理科学, 29(1): 50-55.

王辉耀, 刘国福. 2012. 中国国际移民报告. 北京: 社会科学文献出版社.

王晶, 马青, 龙丽珍. 2010. 基于灾后可持续重建中的选址避灾论研究. 科技信息, (31): 330.

王莲芬. 2001. 网络分析法(ANP)的理论与算法. 系统工程理论与实践, 21(3): 44-50.

王绍玉, 唐桂娟. 2009. 综合自然灾害风险管理理论依据探析. 自然灾害学报, 18(2): 33-38.

王涛, 吴树仁, 石菊松. 2009. 国际滑坡风险评估与管理指南研究综述. 地质通报, 28(8): 1006-1019.

韦任川. 2014. 美国地质灾害防治的经验总结及启示. 灾害学, 29(3): 156-159.

吴树仁, 石菊松, 张春山, 等. 2009. 地质灾害风险评估技术指南初论. 地质通报, 28(8): 995-1005.

吴忠涛, 张丹. 2013. 城乡预期收入差距对农村人口迁移的影响——基于托达罗模型. 西北大学学报(哲学社会科学版), 43(4): 74-79.

徐平. 2011. 三峡库区涉水滑坡稳定性的可靠度研究. 西安: 长安大学.

杨涛, 石艳红, 刘建华. 2010. 基于可行能力理论的失地移民权益问题分析. 农村经济, (8): 80-83.

宜昌长江地质灾害防治工程勘察设计院. 2011. 湖北省三峡库区秭归县头道河Ⅱ号滑坡防治工程地质详细勘查报告. 宜昌: 宜昌长江地质灾害防治工程勘察设计院.

殷坤龙, 陈丽霞, 张桂荣. 2007. 区域滑坡灾害预测预警与风险评价. 地学前缘, 14(6): 85-97.

殷跃平. 2002. 三峡工程库区移民迁建区地质灾害与防治. 地质通报, 21(12): 876-880.

尹衍雨, 苏筠, 叶琳. 2009. 公众灾害风险可接受性与避灾意愿的初探——以川渝地区旱灾风险为例. 灾害学, 24(4): 118-124.

游志斌. 2013. 应急规划、预案与演练: 借鉴与思考. 北京: 国家行政学院出版社.
于汐. 2011. 灾害风险管理流程. http: //www. doc88. com/p-1806815500759. html [2012-05-31].
余文学. 2006. 水库移民引入参与机制的障碍. 水利经济, 24(1): 77-80.
俞欣. 2004. 三峡移民贫困化风险和经济重建分析. 中国水利, (10): 54-57.
张华忠. 2010. 三峡工程水库移民综合监理实践及思考. 人民长江, 41(23): 1-4.
张继权, 冈田宪夫, 多多纳裕一. 2005. 综合自然灾害风险管理. 城市与减灾, (2): 2-5.
张继权, 冈田宪夫, 多多纳裕一. 2006. 综合自然灾害风险管理——全面整合的模式与中国的战略选择. 自然灾害学报, 15(1): 29-37.
张继权, 赵万智, 冈田宪夫, 等. 2004. 综合自然灾害风险管理的理论、对策与途径. 风险分析专业委员会年会.
张开军, 殷跃平, 张作辰. 2008. 滑坡崩塌泥石流灾害详细调查规范研究. 水文地质工程地质, 35(6): 99-102.
张亚莉. 2011. 加强地灾搬迁避让理论研究迫在眉睫. 中国国土资源报.
赵洲. 2012. 陕南山区县域滑坡灾害风险管理研究. 西安: 西安科技大学.
赵洲, 侯恩科. 2011. 中国地质灾害生命可接受风险标准研究. 科技导报, 29(36): 17-22.
郑瑞强, 施国庆. 2011a. 扶贫移民权益保障与政府责任. 重庆大学学报(社会科学版), 17(5): 42-47.
郑瑞强, 施国庆. 2011b. 西部水电移民风险管理. 北京: 社会科学文献出版社.
郑瑞强, 王英. 2007. 基于可行能力理论的避灾移民安置优化. 经济大视野, (7): 96-98.
郑瑞强, 王英. 2012. 基于可行能力理论的避灾移民安置优化——以江西省九江市避灾移民安置实践为例. 理论导刊, (7): 96-97.
中国产业研究报告网. 2015. 2014-2018 年中国地质灾害防治行业监测及发展前景分析报告. http: //www. chinairr. org/[2015-12-31].
中国地质调查局. 2008. D2008-02 滑坡崩塌泥石流灾害调查规范. 北京: 中国地质调查局地质调查技术标准.
中国国土资源报. 2013. 中国国土资源公报. http://www.gtzyb.com/yaozen/20140422_62508.shtml [2014-04-31].
中华人民共和国国务院. 2003. 地质灾害防治条例. 北京: 中华人民共和国国务院令第 394 号.
周建, 施国庆, 孙中良. 2009. 基于模糊理论的生态移民安置区划选择. 生态经济, (5): 33-36.
周玉敏. 2009. SPSS16. 0 与统计数据分析. 成都: 西南财经大学出版社.
朱杰. 2008. 人口迁移理论综述及研究进展. 江苏城市规划, (7): 40-44.
Cernea M. 2002. 风险、保障与重建：一种移民安置模型. 河海大学学报(哲学社会科学版), 4(2): 1-15.
AGS. 2002. Landslide risk management concepts and guidelines. Australian geomechanics society, 37(1): 51-70.

AGS. 2007a. A national landslide risk management framework for Australia. Australian Geomechanics, 42(1): 1-12.

AGS. 2007b. Guideline for landslide susceptibility hazard and risk zoning for land use planning. Engineering Geology, 102(3): 85-98.

AGS. 2007c. Commentary on guideline for landslide susceptibility, hazard and risk zoning for land use management. Australian Geomechanics, 42(1): 37-62.

Alam U. 2007. From disaster response to risk management: Australia's national drought policy. Political Geograph, (4): 32-34.

APAT. 5. 2008. Environmental risk//Agency E, Pa T S. Environmental Data Yearbook 2007. Rome: 1-20.

Ayyub B M. 2003. Risk Analysis In Engineering and Economic. Baca Raton: Chapman & Hall, CRC Press.

Bakke E W. 1958. The Human Resources Function. New Haven: Yale Labor Management Cemer.

Cascini L. 2005. Risk assessment of fast landslide—from theory to practice. General Report: Proceedings of the International Conference on "Fast Slope Movements—Prediction and Prevention for Risk Mitigation", (2): 33-52.

Cernea M. 1997a. Hydropower Dams and Social Impacts: A Sociological Perspective. Washington. The World Bank.

Cernea M. 1997b. The risk and reconstruction model for resettling displaced populations. World Development, 25(10): 1569-1587.

Chan N W. 1995. Flood disaster management in Malaysia: An evaluation of the effectiveness of government resettlement schemes. Disaster Prevention and Management, 4(4): 22-29.

Charkham J. 1992. Corporate governance: Lessons from abroad. European Business Journal, 4(2): 8-16.

Clarkson M A. 1995. A stakeholder framework for analyzing and evaluating corporate social performance. Academy of Management Review, 20(1): 92-117.

CN-GB. 2009. ISO 31000: 2009 风险管理-原则与实施指南(中文版). http://max.book118.com/html/2007/0129/87303960.shtm [2015-03-].

Correa E. 2011a. Populations at Risk of Disaster: A Resettlement Guide. The World Bank: GF DRR.

Correa E. 2011b. Preventive Resettlement of Populations at Risk of Disaster: Experiences from Latin America. The World Bank: GF DRR.

Cox L A Jr. 2008. What is wrong with risk matrix. Risk Analysis, 28(2): 497-512.

de Brauw A, Huang J K, Rozelle S, et al. 2003. The evolution of China's rural labor markets during the reforms. Journal of Comparative Economics, 30(2): 329-353.

de Wet C J. 2006. Development Induced Displacement: Problems, Polices and People. Oxford:

Berghahn.

Domenicantonio A, Ruisi M, Traversa P. 2005. WFD and hydrogeological setting plans: the example of the Tevere River Basin. Environmental Science and Policy, 8 (3) : 233-237.

Downing T E. 2002. Avoiding New Poverty: Mining-Induced Displacement and Resettlement. London: International Institute for Environment and Development.

EM-DAT. 2013. The international disater database. http://www.emdat.be/[2013-07-30].

Erbach J, Gaudet J. 1998. Urbanization Issues and Development in Sub-Saharan Africa. USAID Africa Bureau: Office of Sustainable Development.

Fell R. 1994. Landslide risk assessment and acceptable risk. Canadian Geotechnical Journal, 31 (2) : 261-272.

Fell R, Finlay P J, Mostyn G R. 1996. Framework for assessing the probability of sliding of cut slopes //Proceedings of 7th International Symposium on Landslides. Trondheim: ISROM: 201-208.

Freeman R E. 1984. Strategic Management: A Stakeholder Approach. London: Pitman Publishing Inc.

Frerks G E. 1995. A disaster continuum? Disasters, 19 (4) : 362-367.

Goffman E. 2006. Environmental refugees: How many, How bad? CSA Discovery Guides, (7) : 1-15.

Harker P T. 1985. Incomplete pairwise comparisons in the analytic hierarehy process. Department of Decision Sciences, The Whartoll School, University of Pennsylvania.

HMI, P. 1974. Urban and Regional Planning. London: Penguin Books.

Hu Z J. 2014a. Preventive resettlement and risk reduction strategy analysis in disaster risk management system. Advanced Materials Research, 838-841: 2185-2189.

Hu Z J. 2014b. Preventive resettlement of migrants inspiration mechanism in three gorges barrier region. Applied Mechanics and Materials, 448-453: 251-256.

Hu Z J, Shi G Q. 2014. Analysis of planning & implementation evaluation in preventive resettlement. Applied Mechanics and Materials, (3) : 245-250.

Hu Z J, Shi G Q, Gu J P. 2013. International Preventive Resettlement Policy. China: 2013 International Conference on industrial engineering and management science.

Hunter L M. 2005. Migration and environmental hazards. Population and Environment, 26 (4) : 273-302.

Interior USD, Survey SUG. 2006. The U. S. Geological Survey Landslide Hazards Program. 5-Year Plan 2006-2010.

ISDR. 2014. United Nations International Strategy for Disaster Reduction.

Johnson D G. 2003. Provincial migration in China in the 1990s. China Economic Review, (14) : 22-31.

Johnston R. 2000. The Dictionary of Human Geography. Oxford: Blackwell Pub-lishers. England: Place Utility.

Long M, John H. 1993. Risk-based Emergency Response. Paper presented at the ER93 Conference on the Practical Approach to Hazardous Substances Accidents. Canada: New Brunswick.

Morrow-Jones H A, Morrow-Jones C R. 1991. Mobility due to natural disaster: Theoretical consideration and preliminary analyses. Disasters, 15(2): 126-132.

Myers N, Kent J. 1995. Environmengal Exodus: An Emergent Crisis in the Global Arenal. Washington D. C. : The Climate Institute.

Nakayama M, Gunawan B, Yoshida T, et al. 1999. Resettlement issues of Cirata Dam project: A post-project review, Nakayama, Mikiyasu. International Journal of Water Resources Development, 15(4): 443-458.

Okada N. 2003a. Proceedings of the China-Japan EQTAP Symposium on Police and Methodology for Urban Earthquake Disaster Management. Xiamen, China: Urban Diagnosis and Integrated Risk Management.

Okada N. 2003b. Urban diagnosis and integrated disaster Management//Preceedings of the China-Japan EQTAP Symposium on Police and Methodology for Urban Earthquake Disaster Management. Xiamen China: 9-10.

Pearce D W. 1999. Methodological Issues in Economic Analysis//Cernea M. the Economics of Involuntary Resettlement: Challenges and Questions. Michael cernea eds, Washington D. C: The World Bank: 52.

Slovic P. 1987. Perception of risk. Science, (236): 280-285.

Sophie K. 2010. Environmentally displaced persons. Jackson School Journal of International Studies, 1(1): 10-21..

Susan C. 1997. Environmentally–displaced peoples and the cascade effect: Lessons from Tanzania. Human Ecology, 25(4): 593-618.

Tagliavini F, Mantovani M, Marcato G, et al. 2007. Validation of landslide hazard assessment by means of GPS monitoring technique—A case study in Dolomites (Eastern Alps, Italy). Natural Hazards and Earth System Sciences, (7): 185-193.

Takesada N. 2009. Japanese experience of involuntary resettlement: Long term consequences of resettlement for the construction of the Ikawa dam. International Journal of Water Resources Development, 5(3): 786-790.

Todaro M. 1976. Internal Migration in Developing Countries. Geneva: ILO.

Tosun C. 2005. Stages in the emergence of a participatory tourism development approach in the developing world. Geoforum, 36(3): 333-352.

van Western C J, Asch T W J, Socters R. 2005. Landslide hazard and risk zonation—Why is it still so difficult. Bulletin of Engineering Geology and the Enviroment, 65(2): 167-184.

Vanclay F. 2002. Conceptualizing social impacts. Environmental Impact Assessment Review, 22(3): 183-211.

Walter J. 2004. Ammann, Stefanie Dannenmann, Laurent Vuliet. Coping With Risks Due To Natural Hazards in the 21st Century: Risk 21. Proceedings of the Risk 21 Workshop.

Waterston. 1965. Development Planning：Lessons of Experience. Baltimore: Johns Hopkins Press.

Wheeler M. 1998. Including the stakeholders: The business case. Long Range Planning, 31(2): 201-210.

Wolpert J. 1966. Migration as an adjustment to environmental stress. Journal of Social Issues, 22(4): 92-102.

Working Group Ⅱ of the Intergovernmental Panel on Climate Change. 2001. Limate Change 2001. Impacts: Adaptation and Vulnerability.

World Commission on Dams. 2000. Dams and Cultural Heritage Managememt Final Report. Beijing: Development Center of State Council.

World Disaster Report. 2008. International Federation of Red Cross and Red Crescent Societies (IFRCR CS).

附录　三峡工程后续工作实施规划地质灾害居民意愿调查表

<table>
<tr><td>户主姓名</td><td colspan="2"></td><td>住址</td><td></td><td>调查日期</td><td>2012 年　月　日</td></tr>
<tr><td rowspan="3">家庭基本情况</td><td colspan="2">家庭人口（人）</td><td>人</td><td colspan="3">①16 岁以下______人；②16-59 岁_____人；60 岁以上_____人</td></tr>
<tr><td>文化程度</td><td colspan="5">①小学及以下____人；②初中____人；③高中____ 人；④大学及以上____人</td></tr>
<tr><td>收入的主要来源</td><td colspan="5">①外出务工；②种植业收入；③养殖业收入；④加工业收入；⑤经商</td></tr>
<tr><td rowspan="2">搬迁意愿</td><td>是否愿意报名迁出</td><td colspan="5">①愿意；②不愿意；③无所谓，听从安排</td></tr>
<tr><td>搬迁的前提条件</td><td colspan="5">①政策合适，愿意主动搬迁；②地质灾害造成房屋不能居住才愿意搬迁；③无所谓，听从安排</td></tr>
<tr><td rowspan="7">生产安置和住房安置意愿</td><td>您愿意迁往</td><td colspan="5">①本村就近后靠；②区域外居民点；③集镇；④县城；⑤大城市，如武汉市城区、宜昌；⑥出三峡库区（农村）</td></tr>
<tr><td>您希望房屋等实物的补偿方式</td><td colspan="5">①按人口多少人平；②按房屋面积、结构和统一标准计算；③无所谓，听从安排</td></tr>
<tr><td>您希望的住房安置方式</td><td colspan="5">①政府集中建经济适用房，按政策购买；②政府直接给予个人购房补贴，自行选择购买；③在城镇外划分居民点自建或购买老民房</td></tr>
<tr><td>您希望的就业安置方式</td><td colspan="5">①种植业；②工业园区企业就业；③政府安排就业岗位；④自谋职业</td></tr>
<tr><td>主要顾虑</td><td colspan="5">①不想改变现有生活现状；②房屋拆迁会造成经济损失；③失去土地会减少经济收入；④缺乏谋生手段，无法适应城市生活；⑤在城镇买不起房屋（可多选）</td></tr>
<tr><td>是否愿意退出承包地</td><td colspan="5">①愿意；②不愿意；③无所谓，听从安排</td></tr>
<tr><td>您对原承包地、林地处置意见</td><td colspan="5">①按农业人口给予生产安置费后拆房就交集体；②按面积、地类补偿后拆房就交集体；③拆房后再经营几年交给集体；④无所谓，听从安排</td></tr>
<tr><td rowspan="2">配套政策意愿</td><td>最需要何种政策保障</td><td colspan="5">①养老保险；②失业保险；③住房保障；④就业；⑤子女上学；⑥技能培训；⑦创业贷款</td></tr>
<tr><td>最需要何种技能培训</td><td colspan="5">①农业技术；②实用技能；③创业培训；④企业订单培训</td></tr>
</table>

后　记

在书稿收笔之际感慨良多，真诚地向那段艰辛岁月中热情帮助过我们的所有人致以崇高的敬意和诚挚的感谢！

要特别感谢导师施国庆在学术与人生上对笔者的耐心指导和影响，一日为师，终身为父，亦特别感谢长江工程监理咨询有限公司董事长张华忠导师和何家军、郭荣鑫、向伦昌在三峡调研及资料收集期间所给予的帮助与指导！感谢英国牛津大学国际难民研究中心 Roger Zatter 教授在笔者访学期间给予的指导和关心！感谢研究团队中的各位老师、同学，特别是严登才、王海宝、周潇君等博士们的一同前行，充满正能量的影响，伴我迎来光明，在此送出衷心的祝福和感激！

要特别感谢河海大学中国移民研究中心，在工程移民、生态移民、环境移民、灾害移民等方面的研究走在国际前列，已经成为国内外移民研究最重要的机构，为本领域学者提供了高水准的研究平台。

还要特别感谢南京财经大学，对本书出版提供资助。

鉴于我们的水平和视野有限，难免存在疏漏和不足，敬请读者批评指正！研究内容和观点若存在偏颇之处仅为个人观点，不涉及所在单位。

在研究和写作过程中，参阅了国内外专家大量的著述，书中引注和所列参考文献若有遗漏，先在此致歉，并对专家、学者的研究成果给予的指引和启迪表示衷心的感谢！移民事业，路漫漫，任重道远，唯努力奋斗，积极前行！

胡子江　施国庆

2017年6月